Le Livre de Poche

Jeunesse

Les conseils d'une Princesse

Du même auteur dans
Le Livre de Poche Jeunesse

Journal d'une Princesse

Journal d'une Princesse 2 :
Premiers pas d'une Princesse

Journal d'une Princesse 3 :
Une Princesse amoureuse

Journal d'une Princesse 4 :
Une Princesse dans son palais

Journal d'une Princesse 5 :
L'anniversaire d'une Princesse

Journal d'une Princesse 6 :
Une Princesse rebelle et romantique

Meg Cabot

Les conseils d'une Princesse

Traduit de l'anglais (États-Unis)
par Véronique Fleurquin

HACHETTE
Jeunesse

Qui est l'auteur ?

Meg Cabot est née dans l'Indiana. C'est là qu'elle a grandi et fait ses études. Diplômée de l'Académie des beaux-arts, elle a d'abord choisi d'être illustratrice, avant de se tourner vers l'écriture. *Journal d'une Princesse*, son premier roman, a été salué par une presse enthousiaste. Les studios Walt Disney ont immédiatement acheté les droits cinématographiques et le film, inspiré des aventures de l'irrésistible Mia, est sorti sur les écrans en 2001. Meg Cabot vit à New York. C'est là qu'elle a écrit *Premiers pas d'une Princesse*, *Une Princesse amoureuse* et tous les épisodes de cette série à succès qui en comptera au moins six.

L'édition originale de cet ouvrage
a paru en langue anglaise
chez HarperCollins Children's Books USA sous le titre :
Princess Lessons

Ce livre est dédié à l'apprentissage des princesses du monde entier.
Puissiez-vous régner longtemps !

Un royal merci
à ceux qui ont contribué à ce livre :
Jennifer Brown, Barb Cabot,
Alison Donalty, Barb Fitzsimmons,
Michele Jaffe, Josette « Twirly » Kurey,
Laura Langlie, Abby « Jou Jou » McAden,
Chesley McLaren,
et spécialement au prince consort Benjamin Egnatz
— Meg Cabot

Mille mercis à Alison Donalty, Barb Fitzsimmons,
Sasha Illingworth, Abby McAden et à Meg Cabot
pour m'avoir intégrée dans un projet aussi royal !
— Chesley McLaren

Introduction

Par son Altesse Royale la Princesse Mia Thermopolis

Depuis que j'ai découvert que j'étais l'héritière du trône d'une petite principauté européenne (Génovia, 50 000 habitants), ça a suscité un engouement général. Du moins, en ce qui concerne les leçons (je devrais dire : les *sermons*) que m'assène ma grand-mère, la princesse douairière Clarisse.

J'avoue que j'en reste baba, car le statut de princesse est d'un ennui mortel. Quant aux leçons de Grand-Mère, c'est l'horreur absolue (et je suis polie !).

Je donnerais n'importe quoi pour redevenir une fille ordinaire qui – par exemple – s'entraîne au softball chaque jour après les cours plutôt que de subir les semonces quotidiennes de Grand-Mère. Ce n'est pas tant que j'adore le softball – mon absence grave de latéralisation fait de moi une équipière nullissime – mais, bon, c'est une image.

En tout cas, depuis cette révélation fatale, mes amies me supplient sans cesse : « Oh, Mia, montre-nous comment exécuter une révérence selon les règles de l'art ! » et *tutti frutti*.

Alors, je me suis dit : quitte à en avoir bavé un max, autant partager mon savoir avec vous.

Vous rêvez de devenir une princesse digne de ce nom ? Je vous file volontiers les tuyaux essentiels pour votre apprentissage !

Je radote sans doute, mais votre désir me sidère, vu les inconvénients (voir plus haut) aussi multiples que merdiques (ça y est : je me lâche) associés à ce titre... Enfin, c'est votre truc.

Si ça vous branche vraiment, vous trouverez ci-après tout ce que vous avez besoin de savoir sur la mode, la beauté, les bonnes manières, la façon de s'adresser à ses sujets, et ce genre de choses. Saviez-vous, par exemple, qu'on n'appelle jamais un duc « Monseigneur » ? Non. C'est toujours : « Votre Grâce ».

D'accord, je suis encore loin d'être experte en la matière. J'ai donc sollicité divers spécialistes et amis pour rédiger ce recueil de conseils. J'ai d'ailleurs constaté, à l'occasion, certaines lacunes chez Grand-Mère à ce propos (que cela reste entre nous, s.v.p. !).

Le truc qui me tue : princesse ou non, on vous traite de la même façon au lycée. C'est d'une injustice flagrante mais... bon ! Comme vous allez le découvrir au fil de ces pages, le sacrifice personnel fait – hélas ! – partie intégrante de votre royale mission.

I.

Beauté

Une réflexion de son Altesse Royale la Princesse Mia

Une vraie princesse s'efforce toujours de mettre son physique en valeur – mais, euh, mon physique est probablement très différent du vôtre. Il existe quantité de types de beauté. Prenez par exemple ces mannequins qu'on voit en couverture des magazines. Pour un tas de gens, elles constituent, disons, la quintessence de la perfection et tout ça. N'empêche que, dans certains pays, des aisselles velues constituent le comble du raffinement…

C'est dire à quel point le concept de beauté est relatif !

Chaque princesse, comme le commun des mortels, a des formes et une taille spécifiques. Aucun look ne saurait convenir à tout le monde. Un corps sain est mille fois plus précieux qu'une silhouette sublime apte à se glisser dans un jean moulant taille basse. Et, bien sûr, un cœur d'or est – de loin – ce qui compte le plus. Au cours de l'histoire, nombre de princesses ont marqué leur époque. Qu'a-t-on retenu d'elles ? Qu'elles avaient la taille idéale pour s'exhiber en 501 ? Non ! On se souvient des bonnes actions accomplies tant qu'elles étaient sur le trône !

Il existe toutefois un conseil universel : l'assurance. Ayez confiance en vous et en votre physique : les autres verront aussi bien votre beauté extérieure qu'intérieure.

C'est du moins ce qu'on me rabâche sans cesse.

Jolie Princesse

Par Paolo,
propriétaire de Chez Paolo, New York City

Moi, Paolo, je suis l'artiste qui a métamorphosé la Princesse Amelia de vilain petit canard en cygne. Vous aussi, vous pouvez avoir l'air d'une princesse si vous suivez les conseils simples de Paolo.

La beauté est *molto importante*, mais trop souvent outrée. Une princesse est *bella*, saine et soignée. *Être fraîche* est votre objectif. Vos outils pour y parvenir : mascara, blush et gloss.

Tout le monde – surtout moi, Paolo – adore jouer avec le maquillage. Mais ne l'oubliez jamais : un visage masqué doit être réservé à Halloween ! Ne vous tartinez de fond de teint et d'ombre à paupières que si vous souhaitez effrayer votre peuple (en outre, vos parents n'apprécieraient pas trop, exact ?).

Belle au naturel, voilà ce que Paolo conseille vivement à toutes les petites princesses. Si vous préférez un look dramatique – khôl noir, rouge à lèvres écarlate – inscrivez-vous à un cours de théâtre (je crache sur le khôl !).

Et ne venez pas pleurer dans le giron de Paolo si tous les jeunes princes se détournent de vous avec épouvante. Ce n'est qu'en respectant la méthode de Paolo que vous aurez l'assurance d'être *molto perfetto* !

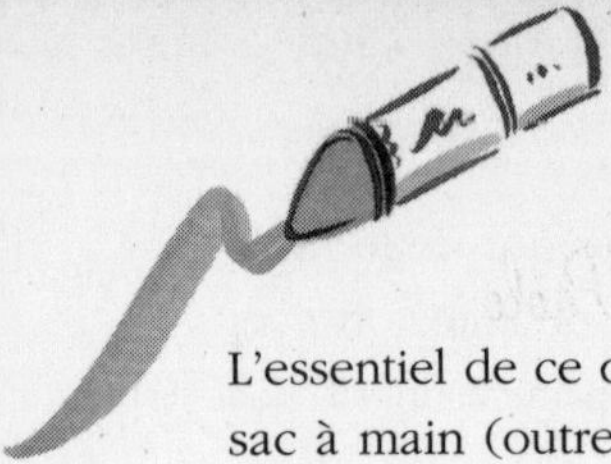

Vos outils de Princesse

L'essentiel de ce que toute princesse devrait avoir dans son sac à main (outre la monnaie pour le taxi, des pastilles de menthe, une tiare de secours et une brosse à cheveux) :

- Rouge à lèvres ou gloss
- Boîtier de poudre compacte (contre le nez qui brille)
- Anticernes (pour camoufler les ombres noires sous vos yeux dues à votre rendez-vous romantique de la nuit dernière, vu ? Aussi utile pour les boutons.)
- Mascara

Ce que toute princesse devrait avoir dans sa salle de bains (outre un téléphone et une minitélé, afin de rester au courant de l'actualité mondiale même quand votre corps royal se prélasse dans son bain) :

- Lait démaquillant, exfoliant (ou un gant de crin, mais en douceur !), crème hydratante
- Tonique, produit contre l'acné, masques de beauté
- Fond de teint, anticernes (voir plus haut)
- Ombre à paupières, eye-liner (pas de khôl – Paolo crache sur le khôl !)
- Blush (couleur pastel, sauf si vous tenez à ressembler à un clown)
- Mascara
- Nécessaire à manucure (vernis à ongles, limes, coupe-ongles)
- Produits capillaires (shampooing, conditionneur, spray ou gel coiffant, etc.)

L'ordonnance beauté de Paolo

Le look d'une altesse ? Fraîche et propre ! Suivez à la lettre cette prescription quotidienne que j'ai rédigée pour la Princesse Amelia :

1. Nettoyer le visage matin et soir avec un démaquillant doux. Continuer par un gommage, si nécessaire (sans blague, même les princesses ont des points noirs !), crème contre les boutons ou produit hydratant.

2. Se laver les cheveux avec un shampooing doux tous les jours ou un jour sur deux. Appliquer ensuite un conditionneur. Utiliser un peigne à dents larges pour le démêlage. Qui voudrait d'une princesse chauve ?

3. Utilisés avec modération, les mousses et gels aident à discipliner une crinière rebelle ou donner du corps aux cheveux fins. Trouvez le produit qui vous convient le mieux en consultant un spécialiste tel que moi, Paolo, ou testez-en plusieurs chez vous.

4. Bain ou douche quotidienne. Une princesse est censée sentir bon, non ?

5. Un déodorant-antitranspirant est idéal. Que vous jouiez au croquet toute la journée, ou que vous restiez immobile

sous les projecteurs d'un studio de télévision – interviewée par un journaliste célèbre – une princesse ne laisse jamais voir qu'elle sue (enfin, *transpire*).

6. Épilez les poils superflus de votre corps, au rasoir ou à la cire. La Princesse Amelia affirme qu'il s'agit là d'un choix personnel ; qu'aucune femme ne devrait se sentir obligée de se raser juste pour se conformer aux « diktats sociaux de sa culture ». Moi, Paolo, je désapprouve avec vigueur ce point de vue, même si vous êtes allemande et préférez les jambes poilues. La cire est salissante – on s'en colle partout

– et peut provoquer des rougeurs. Mieux vaut confier ce soin à des professionnels tels que moi, Paolo. Les crèmes dépilatoires coûtent cher, sentent mauvais et n'enlèvent pas tous les poils. Un bon rasoir – assorti de tonnes de mousse à raser – constitue la meilleure méthode si vous refusez d'être velue – ce qui devrait être le cas de toute princesse.

Enfin, par pitié pour Paolo, si vous avez des poils autour des lèvres ou au menton, arrachez-les à la pince ou décolorez-les (en respectant strictement le mode d'emploi indiqué dans l'emballage du produit). Jamais de rasoir sur la figure. Imaginez une princesse au visage balafré et couvert d'estafilades !

7. Même les rongeuses compulsives telles que la Princesse Amélia peuvent avoir de jolis ongles. Limez-les avec soin et appliquez un vernis clair (une nuance sombre les fait paraître encore plus courts). En revanche, des cuticules bien dégagées ont l'effet inverse.

Des cheveux princiers

Vous déboulez chez Paolo en pleurant comme un bébé : « Au secours, mes cheveux sont frisés ! Rendez-les lisses ! Les princesses ont des cheveux lisses ! »

Eh bien, moi, Paolo, je tiens à préciser ceci :

Une princesse a des cheveux frisés ou lisses ; bruns ou blonds ; courts ou longs. Ses seules obligations consistent à :

- avoir des cheveux propres,
- qui ne lui tombent pas dans les yeux,
- qui se coiffent en un quart d'heure maxi.

Pourquoi cette dernière règle ? Parce que – à moins que vous ne m'ayez moi, Paolo, sous la main pour vous coiffer chaque matin – une princesse a mieux à faire que de se pomponner. Vous avez les cheveux raides et vous passez une demi-heure à les boucler ? Vous perdez votre temps ! Et plus de temps encore dans le cas inverse...

Autre question : une princesse a-t-elle le droit d'avoir les cheveux verts ? Oui, tant qu'ils sont propres, ne lui tombent pas dans les yeux, se coiffent en un quart d'heure maxi.

Croyez-moi : une princesse ne s'arrache pas les cheveux pour des préoccupations aussi futiles qu'une couleur, des fourches ou un épi rebelle. Elle me laisse le soin d'y remédier. Parce que moi, Paolo, je suis un artiste. Votre chevelure est le matériau à partir duquel je réalise des chefs-d'œuvre.

Des sourcils princiers

Les yeux sont la fenêtre de l'âme. Si c'est exact, les sourcils sont les rideaux de la fenêtre de l'âme. Et qui voudrait arborer des rideaux hideux récupérés dans une décharge ? Vous ? Non ! Voilà pourquoi l'entretien des sourcils est *molto importante* ! Nous, *Chez Paolo*, recommandons l'usage de la pince à épiler. Voici, en quelques lignes, le guide pratique pour acquérir la technique :

- Achetez une pince à épiler. On en trouve dans n'importe quel supermarché, exact ?
- Dans une pièce bien éclairée, tenez-vous à bonne distance du miroir de façon à ce qu'il reflète votre visage entier.

Voici un cas précis où en faire moins vaut mieux qu'en faire TROP. Surtout pas d'épilation drastique ! N'arrachez que les poils qui s'incrustent entre les coins internes de vos yeux et ceux qui s'échappent de la courbe naturelle de votre arcade sourcilière.

Procédez dans le sens nez-oreilles (autrement dit, dans le sens du poil) pour faciliter l'opération. Quoi ? Vous pleurez ? EXCELLENT ! La douleur prouve que ça marche...

Brossez vos sourcils vers le haut, toujours dans le sens du poil. Cherchez l'erreur (le trou inévitable, vu que vous n'êtes pas Paolo). Camouflez cette bavure avec un crayon à sourcils, assorti à leur couleur naturelle.

Voilà… Vous êtes *bellissima* ! Ne me remerciez pas : c'était un plaisir, foi de Paolo…

Colle posée par son Altesse Royale la Princesse Mia Thermopolis :

Peut-on être princesse
et porter un appareil dentaire ?

Pourquoi pas ? Même les princesses ont parfois une denture imparfaite. Bien que ce ne soit pas mon cas, j'ai un truc en caoutchouc à me fourrer dans la bouche la nuit, vu que je grince des dents (suite au stress relatif à mes notes calamiteuses dans une certaine matière. Mais ceci est une autre histoire).

Quoi qu'il en soit voici – selon Paolo – le secret d'un beau sourire quand on a des bagues plein la mâchoire :

Se brosser les dents sans modération (rien de moins royal qu'un débris alimentaire coincé entre deux incisives).

Ne pas lésiner sur le gloss ou le rouge à lèvres très clair (les couleurs sombres attirent l'attention sur la bouche).

Mettre l'accent sur les yeux (en douceur : du mascara et un soupçon d'ombre à paupières irisée suffisent amplement).

Respectez ces trois règles et le tour est joué.
Votre sourire (orthodontique) est irrésistible !

II.

Bonnes manières

Commentaire de son Altesse Royale la Princesse Mia

Une princesse ne se reconnaît pas seulement à son apparence. Sa façon de se comporter compte beaucoup. Savoir quelle fourchette utiliser peut sembler dérisoire. Pourtant, nombre d'incidents internationaux ont été évités grâce aux bonnes manières. Du moins, selon Grand-Mère. Par chance, elle vous explique tout dans les pages qui suivent. Ainsi, vous ne risquerez pas de vous trouver dans l'embarras ni de commettre des gaffes la prochaine fois où vous dînerez avec un ambassadeur ou un chef d'État.

De l'importance des bonnes manières

Par Clarisse Renaldo, Princesse douairière de Génovia

Ayant passé pas mal de temps en Amérique, je peux témoigner de l'absence consternante de bonnes manières qui caractérise ce pays. Les chauffeurs de taxi klaxonnent sans la moindre raison, les serveurs se montrent grossiers lorsque vous renvoyez pour la quatrième fois votre cocktail à rafraîchir... Même les soi-disant personnalités affichent une insouciance choquante de décorum : il leur arrive d'appeler un dîner « souper » et vice-versa !

Après tout, l'étiquette ne concerne pas uniquement la royauté. Elle nous concerne tous ! Ce n'est qu'en apprenant à se traiter les uns les autres avec civilité qu'on peut espérer une plus grande compréhension mutuelle et un meilleur traitement de la part des serveurs.

Le maintien

Vous voulez être traitée en princesse, ayez une posture princière.

Debout, pas de dos rond : une princesse se tient toujours très droite. Imaginez un fil qui va du haut de votre tête jusqu'au plafond : il étire votre cou, maintient votre menton levé. Ne rejetez pas les épaules en arrière – bomber le torse est juste bon pour un pilote d'avions de chasse !

Lorsqu'on vous photographie en pied, adoptez la posture d'un mannequin ou celle d'une ballerine prête à intervenir sur la scène d'un ballet (sans toutefois aller jusqu'au grand écart final !). Le pied droit en avant ; le gauche, légèrement en retrait. Cela fait paraître les jambes plus minces. Sauf, bien sûr, si vous portez un pantalon.

(Notez qu'une princesse ne se rend en pantalon à une séance de photos que si elle a des chevilles atroces.)

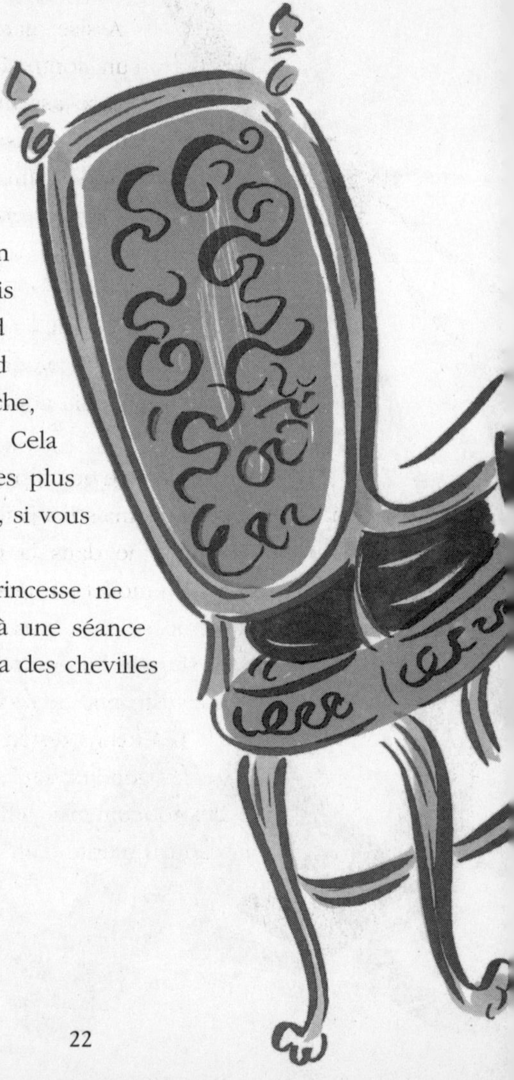

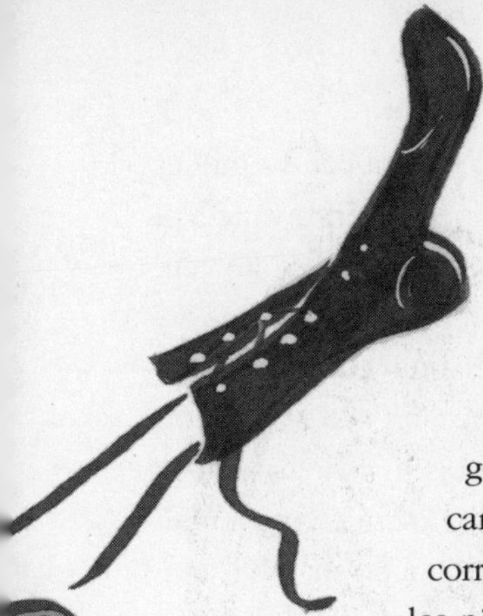

Assise, gardez les genoux serrés l'un contre l'autre. Ainsi, la populace assemblée au bas de votre trône ne risque pas d'entrevoir vos dessous. Imaginez que vous retenez un objet minuscule entre vos genoux – un anneau en saphir de dix carats de chez Tiffany, par exemple. Ça correspond à l'écart approprié. Croisez les pieds à hauteur des chevilles, en biais (quoiqu'il soit admis de les placer sous votre siège.)

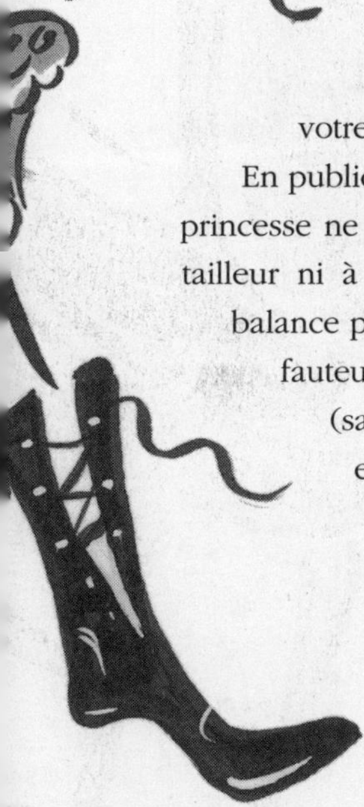

En public, malgré ce qu'en pense ma petite-fille, une princesse ne croise jamais les jambes ; ne s'assied ni en tailleur ni à l'indienne dans la position du lotus ; ne balance pas son mollet par-dessus l'accoudoir de son fauteuil ; ne se recroqueville pas sur elle-même (sauf si on le lui ordonne en cas d'atterrissage en catastrophe de son jet royal !).

Les mains restent modestement posées sur les genoux, sauf si vous brodez, signez des documents officiels, ou déballez le cadeau mérité d'un admirateur.

En marchant, on ne doit ni sautiller, ni traîner les pieds, ni sauter à cloche-pied. Avancez à pas mesurés, avec assurance, la tête haute, le regard droit devant vous, les bras relâchés de chaque côté du corps (hormis si vous portez un sac à main ou un petit chien). Une fois encore, imaginez un fil tendu entre le sommet de votre crâne et le ciel. Voici comment marche une princesse.

Son escorte – prince consort ou garde du corps – se place entre elle et la rue de façon à la protéger de la boue projetée par les automobilistes ou les balles d'un assassin éventuel.

Comment s'adresser de vive voix à...

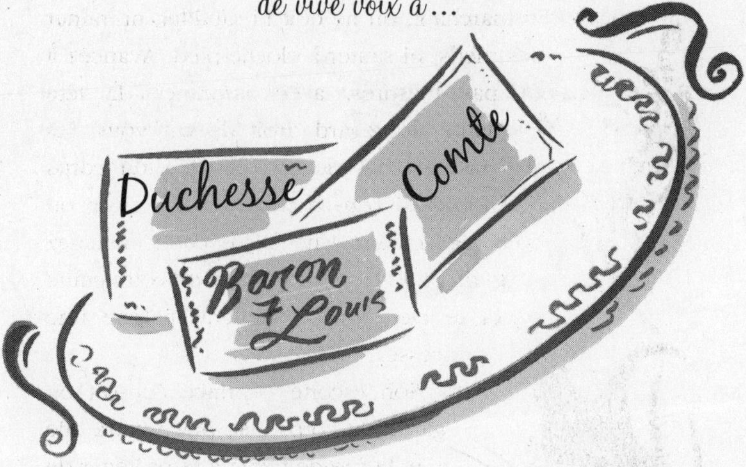

Un roi ou une reine	Votre Majesté
Un prince ou une princesse	Votre Altesse Royale
Les nièces, neveux, cousins du souverain	Votre Altesse
Un duc, une duchesse	Votre Grâce
Un comte, marquis, vicomte ou baron	Monseigneur
Un chevalier	Monsieur (suivi de son nom)
	Etc.

Rassurez-vous : vous apprendrez vite ! De simples sourcils levés, un regard hautain de votre interlocuteur signalent que vous avez gaffé.

Convoquez *illico* votre chef du protocole et demandez-lui conseil. Selon le pays où vous exercez votre pouvoir (ou apprenez à les exercer) les consignes varient, surtout lorsqu'on descend la gamme de la monarchie.

Comment se comporter lors d'une présentation officielle ?

C'est d'une simplicité extrême : lors de sa présentation officielle à un souverain, un roturier est tenu de s'incliner devant lui au moyen d'une courbette ou révérence – surtout s'il est résident du pays régi par le souverain en question.

Tout le monde doit s'incliner devant un roi ou une reine. Ceux-ci n'ont pas à le faire devant les souverains dont le titre de noblesse est inférieur au leur, tels que les princes et princesses. Princes et princesses ne s'inclinent pas devant les ducs et duchesses ; ces derniers ne s'inclinent pas devant les comtes et comtesses ; et ainsi de suite.

Les Américains sont exemptés de courbettes et révérences. Voici quelque deux cents ans, ils se sont dissociés à grand fracas du monarque qui avait rendu possible l'existence de leur pays…

Amelia m'ayant priée de « ne pas aborder ce point », j'y renonce.

Naturellement, il est courtois de s'incliner devant les empereurs, rois, reines, princes, princesses – qu'ils règnent sur vous ou non.

La révérence parfaite

Placez le pied gauche en arrière du pied droit, pliez légèrement les genoux et redressez-vous aussitôt. Il n'est pas nécessaire de balancer le haut du torse jusqu'au sol comme le font certaines débutantes américaines lorsqu'on les présente en société. Une simple flexion des genoux exécutée avec grâce suffit et vous ne risquez pas de vous casser la figure.

La courbette parfaite

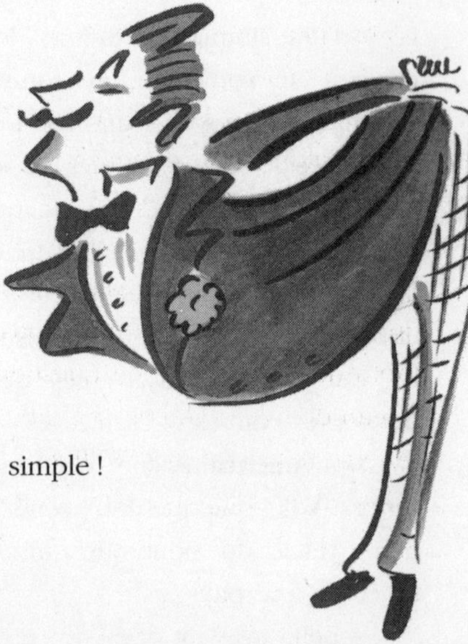

Gardez les épaules et la nuque droites, penchez-vous en avant à hauteur de la taille – de façon très brève – et redressez-vous.

Vu ? C'est on ne peut plus simple !

[Note de Mia : Le Proviseur Gupta, directrice du lycée Albert-Einstein, a exécuté une révérence le jour où elle a rencontré Grand-Mère. C'est la chose la plus drôle que j'aie vue de ma vie.]

Présentation à des roturiers

Quand on vous présente à quelqu'un pour la première fois, souriez, regardez la personne droit dans les yeux et tendez la main droite. Dites : « Bonjour, je suis Clarisse Renaldo, Princesse douairière de Génovia » (enfin, précisez votre nom, quel qu'il soit). Quand vous lui serrez la main, pressez-la en douceur, ne la broyez pas. Vous êtes une princesse, pas une catcheuse.

[Note de Mia : Pas de poignée de main mollassonne non plus, sinon les gens penseront que vous manquez de personnalité.]

Au cas où c'est vous qui êtes chargée des présentations, incluez prénom et nom. Impossible de vous rappeler le nom de la personne en question ? Présentez d'abord quelqu'un dont le nom vous est familier : « Connaissez-vous son Altesse Royale, Prince William ? » En général, celle-ci se présente alors d'elle-même.

Parlez comme une Princesse

Quand vous rencontrez une personne pour la première fois, intéressez-vous à ses opinions. Évitez les questions auxquelles on répond par oui ou par non. Plutôt : « Dans quelle région se trouve votre palais d'été ? » ou « Que pensez-vous de cet article sur la famille royale japonaise paru dans le *New York Times* ? » L'actualité, le cinéma, les émissions télévisées, la musique constituent autant d'excellentes entrées en matière. Les commentaires sur le temps aussi.

[Note de Mia : Ne parlez du temps qu'en dernier ressort. C'est d'un ennui mortel !]

Soyez attentive : ne monopolisez pas la conversation même si vous êtes la seule dans la pièce à avoir le cafard. Laissez parler les autres. Emportée par votre intelligence, vous vous emballez ? Pensez à vous interrompre pour vous enquérir des opinions et expériences de votre interlocuteur.

Pas de cancans. Il est indélicat de demander à un inconnu : « Avez-vous entendu la rumeur qui court sur la Comtesse et le Prince René ? » S'il répond : « Non. La Comtesse est mon épouse. Que se passe-t-il entre elle et le Prince René ? » vous serez bien embarrassée.

Pas de jurons. Réservez les gros mots aux situations extrêmes : jambe cassée ; bijou d'une valeur inestimable englouti dans la tuyauterie du bidet…

[Note de Mia : Une princesse ne se moque pas du look, des opinions politiques et religieuses, ni des activités extrascolaires d'autrui. Pas même des pom-pom girls.]

Manger comme une Princesse

Un dîner officiel

Ça arrivera. Un jour ou l'autre, vous serez conviée à un dîner officiel. Il est donc important que vous vous familiarisiez d'avance avec les ustensiles que vous devrez utiliser.

Les couverts sont toujours placés de façon à être utilisés en partant de l'extérieur (à gauche de l'assiette) et de l'intérieur (à droite de l'assiette). La première fourchette à saisir est la plus éloignée de l'assiette. C'est l'inverse pour les couteaux alignés de l'autre côté : le plus proche de l'assiette se saisit en premier, et ainsi de suite.

[Note de Mia : C'est à peu près aussi clair qu'une formule d'algèbre ! Voici plus simple : choisissez toujours la fourchette ou le couteau les plus à gauche de votre assiette.]

Dresser une table officielle
(pour un dîner d'État, une fête de fin d'année, etc.)

Les assiettes sont positionnées de telle sorte que leur motif soit face aux convives ;

Le beurrier individuel, au-dessus des fourchettes, à gauche du marque-place ;

Les verres à vin et le verre à eau, au-dessus des couteaux et cuillers, en ordre décroissant selon leur taille ;

La fourchette à salade, à gauche de la fourchette classique ;

La fourchette à viande, à gauche de la fourchette à salade ;

La fourchette à poisson, à gauche de la fourchette à viande ;

Le couteau à salade, à droite de l'assiette ;

Le couteau à viande, à droite du couteau à salade ;

Le couteau à poisson, à droite du couteau à viande ;

Le couteau à beurre, en diagonale du beurrier individuel, au-dessus du beurre ;

La cuiller à soupe et/ou la cuiller à dessert, à l'extérieur des couteaux ;

La fourchette à huîtres, après les couteaux ;

Des serviettes de table.

Compris ? *Very well !*

Lorsque les convives sont serrés, il est parfois malaisé de savoir à qui appartient le verre à eau, le verre à vin, ou l'assiette à petit pain. Encore une fois, l'orientation de ces objets sur la table évite toute confusion.

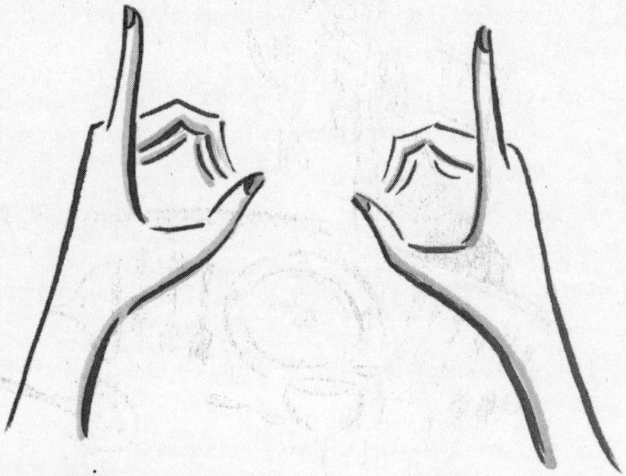

L'assiette à pain située à votre gauche est à vous. Le verre à vin à votre droite est aussi le vôtre.

Perfect !

[Note de Mia : Qui voudrait manger par erreur le pain de quelqu'un d'autre ? Et vous ne souhaitez sûrement pas boire dans un autre verre que le vôtre. Surtout s'il s'agit de celui de Boris Pelkowski dans lequel flottent toujours des débris alimentaires.]

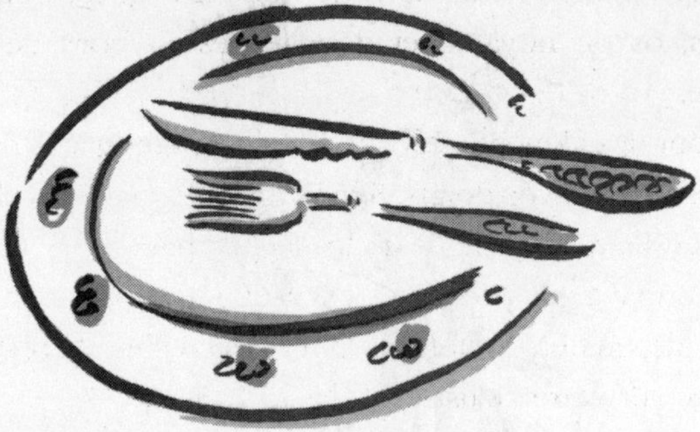

1. *Les choses à faire :*

- Attendez que tous les invités soient réunis autour de la table avant de vous asseoir.
- Placez votre serviette sur vos genoux.
- Ne commencez jamais à manger avant que votre hôtesse ait levé sa fourchette.
- Coupez la nourriture en morceau, selon la méthode européenne ou américaine. En Europe, on opère en tenant le couteau dans la main droite et en maintenant l'aliment avec la fourchette tenue dans la main gauche. Piquez au bout de la fourchette – toujours dans la main gauche, dents en bas – le morceau découpé. En Amérique, on procède de la même façon, excepté qu'une fois le morceau découpé, on place le couteau en haut de l'assiette, on fait passer la fourchette dans la main droite, dents en l'air. Les deux méthodes sont parfaitement admises.

- Mangez en une seule bouchée ce qui est piqué sur la fourchette (veillez à prévoir de petites portions).
- Discrètement, ôtez de votre bouche avec les doigts les graines, os ou noyaux, et déposez-les au bord de votre assiette.
- Pour des aliments tels que les chips, sandwichs ou épis de maïs, utilisez vos doigts. Simplement, essuyez-les chaque fois avec votre serviette – ne les léchez pas !
- N'oubliez pas de vous excuser si vous ressentez le besoin de quitter la table en cours de repas. Placez votre serviette sur votre chaise.
- Le repas terminé, posez couteau et fourchette côte à côte au centre de votre assiette. Puis, attendez que votre hôtesse se lève avant de l'imiter.

2. Les choses à ne pas faire :

- Ne parlez pas la bouche pleine.
- Ne tenez pas le petit doigt en l'air quand vous levez votre verre.
- Ne coupez pas votre viande (ou autre) en petites portions avant de commencer à manger. Fractionnez au fur et à mesure ce que vous allez porter à votre bouche.
- N'engloutissez pas d'énormes bouchées, même s'il s'agit d'un mets délicieux.

[Note de Mia : En particulier, les produits glacés, tels que le sorbet.]

- N'aspirez pas les spaghettis. Les pâtes longues – en

quantité réduite – s'enroulent au bout de la fourchette maintenue au creux d'une cuiller ou du rebord de votre assiette.

Le repas comporte des crudités à tremper dans un bol de sauce collectif ? Ne les y replongez surtout pas si vous avez déjà croqué dedans !

Si, lors d'un dîner officiel – ou un simple repas entre amis – on vous propose un mets qui vous déplaît ou ne convient pas à votre régime, un « non merci » poli suffit. À moins d'un entretien confidentiel possible avec votre hôtesse, inutile de révéler au monde entier que la tête de veau vous donne envie de vomir ou que vous êtes végétarienne.

[Note de Mia : Si vous êtes végétarienne comme moi, je vous déconseille de jeter sous votre chaise le melon enrobé de jambon de Parme, dans l'espoir que le chien de vos hôtes se jette dessus. Il y a des chances pour qu'il ne le mange pas non plus. Vous vous retrouvez avec le truc scotché à vos semelles – ça m'est arrivé !]

De l'art de déguster la soupe

Le plat le plus délicat à ingérer n'est pas – comme on pourrait le croire – le homard majestueux ni l'artichaut épineux, mais le plus simple d'entre eux : la soupe. Oui, la soupe. Depuis les *« slurp »* grossiers jusqu'aux dégoulinades sur le menton, nombre de désastres peuvent se produire quand on consomme un potage de façon incorrecte. Pourtant, le secret est simple et tient en un mot : la *distance* ! Tenez toujours la cuiller loin de vous ! Puis, levez-la vers votre visage tout en vous penchant sur le bol. En douceur : pas comme un chien vautré prêt à laper sa gamelle !

Quand le liquide atteint vos lèvres, buvez-le tranquillement depuis le côté de la cuiller. Contrairement à certaines opinions populaires, émettre des *« slurp »* n'est conseillé par aucune culture. Pas dans la noblesse, en tout cas. N'enfournez pas la cuiller en entier comme pour ingurgiter un sirop contre la toux. Tenez-la en biais. Toujours en biais !

Quand le niveau du contenu de votre bol baisse, inclinez celui-ci.

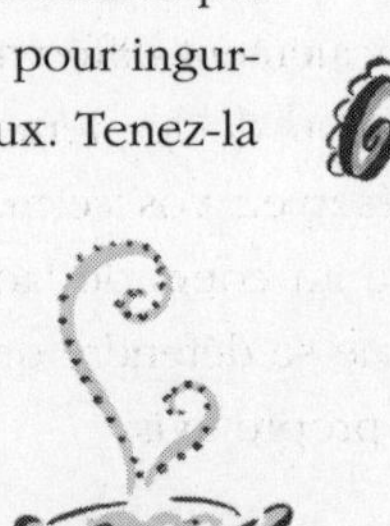

Loin de vous.

Compris ?

Cuiller, buvez, en biais.

Vous éviterez ainsi de déverser les chutes du Niagara sur vos genoux.

Enfin, ne soufflez jamais sur votre soupe ! Si elle est trop chaude, attendez qu'elle refroidisse. En aucun cas, n'y versez de l'eau glacée. Dans certains pays, le chef se sentirait – à juste titre – gravement offensé et en droit de vous éjecter de sa salle à manger.

Parler à table comme il se doit

Un peu partout, il est considéré comme grossier de parler religion ou politique à table, sauf si vous dînez avec des amis intimes. Personne n'a envie d'avoir l'appétit coupé par des opinions radicalement différentes des siennes, même si vous avez l'intention de les remettre en douceur dans le droit chemin. Réservez vos sermons pour l'apéritif ou le digestif – période au cours de laquelle vos victimes pourront sans problème se défendre de vos attaques, se justifier et conforter leur propre avis.

Une réception de Princesse

Une princesse est souvent amenée à recevoir. Qu'il s'agisse d'un bal ou d'un thé ordinaire, vos devoirs d'hôtesse restent identiques :

- Efforcez-vous de présenter entre eux les invités qui ne se connaissent pas et engagez-les dans une conversation qu'ils pourront poursuivre quand vous les quitterez poliment pour voir vos autres hôtes.

À noter : c'est une mauvaise idée de réunir des gens dont les opinions politiques divergent radicalement. Ainsi, ne placez jamais un communiste près d'un anarchiste au cours d'un dîner. Le désastre serait inévitable.
[Note de Mia : Même recommandation pour les pom-pom girls et les ringardes.]

↬ Veillez à ce que vos invités soient à l'aise (il est inexcusable de laisser la climatisation éteinte par temps chaud ; *idem* pour le chauffage par temps froid !) et servez-leur rapidement à boire et à manger.

↬ Brassez, brassez, brassez ! (i.e. : entretenez l'ambiance, que nul ne se sente exclu.)

Autre cas : vous êtes invitée à une soirée.

↬ Arrivez à l'heure ou jamais plus tard qu'une quinzaine de minutes après l'heure notifiée sur l'invitation. Rien de plus détestable que le concept du « retard chic » !

↬ Les membres de l'aristocratie – généralement populaires – sont très souvent conviés à plusieurs réceptions le même soir. Afin de ne pas être taxée de favoritisme envers une hôtesse ou l'autre, planifiez votre horaire de façon à rester une heure à chaque bal ou soirée – et le temps convenable à un cocktail. Les invitations à dîner sont toutefois plus difficiles à gérer. Une princesse se doit de demeurer sur place au moins une heure après que le dernier plat a été servi. Tout départ plus hâtif correspond à l'expression américaine vulgaire : « bouffer et filer ». Si vous n'êtes pas attendue à d'autres événements ce soir-là, vous pouvez vous attarder jusqu'à ce que les autres convives prennent congé, ou que vos hôtes donnent des signes évidents de fatigue. Il est alors poli de s'éclipser.

Avant cela, mettez-vous en quête de vos hôtes afin de les remercier. S'ils vous prient de ne pas partir si tôt ou vous encouragent à rester, c'est à vous de juger : en avez-vous vraiment envie ; cette prière paraît-elle vraiment sincère ?

Si vous souhaitez amener un(e) ami(e) ou un petit chien-chien qui ne figuraient pas sur l'invitation, posez la question au préalable à votre hôte ou hôtesse.

[Note de Mia : Cette recommandation s'avère cruciale lorsque l'un des convives – tel Boris Pelkowski – souffre d'allergies et risque d'éternuer à mort dès l'arrivée de l'animal indésirable dans son environnement proche.]

Écrire en Princesse

Dire de vive voix : « J'apprécie qui vous êtes et ce que vous faites pour moi », ne saurait en aucun cas remplacer un mot de remerciement écrit. Toute princesse devrait posséder son propre papier à lettres (et cartons assortis) – avec, de préférence, le monogramme de ses armoiries royales – sur lequel rédiger de délicates missives à l'adresse de ses nombreux admirateurs. Ce qu'on appelle parfois la « lettre de château » reste indémodable et toujours bienvenue.

[Note de Mia : Si vous n'écrivez pas à la personne qui vous envoie un cadeau, vous courez le risque qu'elle ne vous en envoie plus jamais parce qu'elle vous jugera ingrate.]

Envoyez-le assez vite après avoir reçu le cadeau – de préférence dans la semaine. Quoiqu'un mot tardif vaille mieux que pas de mot du tout.

Utilisez un style personnel et sincère. Par exemple :

Chers Mamounette et Papounet,
Je flashe à mort sur l'adorable nain de jardin en plâtre que vous venez de m'envoyer ! Il est trop craquant sur mon escalier de secours (puisque je n'ai pas de pelouse).

est infiniment préférable à :

Chers Mamounette et Papounet,
Merci pour le cadeau.

Mentionnez toujours la nature du cadeau dans le corps de votre lettre (nain de jardin en plâtre). Sinon, le généreux donateur s'imaginera que vous avez photocopié votre mot de remerciement et envoyé le même à tous.

Si l'objet vous parvient brisé – ou si vous avez reçu exactement le même en double – ne le mentionnez pas.

Quand le donateur vous a envoyé de l'argent, précisez à quoi vous destinez cette manne. Exemple :

Chère Grand-Mère,
Le chèque généreux que vous m'avez adressé à Noël ira tout droit à la Fondation de défense des baleines !
Mille mercis de m'avoir aidée à sauver un dauphin.

Le mot de remerciement est obligatoire quand :

- Vous êtes l'invitée d'honneur d'un dîner officiel ou d'une cérémonie tribale.
- On vous a gâtée à l'occasion de votre anniversaire ; de la réussite à un examen ; des vacances ; de votre couronnement.
- Vous avez passé la nuit chez quelqu'un qui n'est ni un proche, ni une amie que vous fréquentez régulièrement.

[Note de Mia : Ainsi, je ne suis pas obligée d'écrire à Shameeka quand elle m'invite à une soirée-pyjama. En revanche, je dois absolument écrire à tante Simone lorsqu'elle m'autorise à passer la nuit dans sa villa.]

- On vous a envoyé des fleurs, surtout si elles sont hors de prix.
- On vous a adressé une lettre de condoléances.
- On vous a félicitée pour une promotion (votre accession au trône, ou autre).

L'art des condoléances

Une princesse reste forte devant les situations les plus tragiques. Quand un membre du Parlement ou un homme d'État meurt, sa présence aux funérailles est requise. Bien qu'il ne soit plus considéré comme obligatoire de porter du noir à un enterrement, optez pour des tons neutres : gris, brun ou beige.

En outre, une princesse envoie toujours ses condoléances à la famille du disparu. Ces lettres sont particulièrement appréciées par les gens qui ont perdu un être cher. Toujours manuscrites, il est souhaitable que ces lettres comportent une anecdote à propos du défunt susceptible de plaire au destinataire :

> *Chère tante Simone,*
>
> *J'ai été bouleversée d'apprendre la mort soudaine de votre chat bien-aimé, Monsieur Pamplemousse. Même si je n'ai pas eu souvent l'occasion de voir Monsieur Pamplemousse, je n'oublierai jamais le jour où j'avais intentionnellement jeté ma*

tranche de foie gras sous ma chaise et où il l'a engloutie en entier, m'évitant d'avoir à la manger. Monsieur Pamplemousse était vraiment un chat hors du commun et je sais qu'il va me manquer horriblement. Laissez-moi savoir s'il y a quelque chose que je puisse faire pour vous.

Je vous embrasse,
Mia.

Réciproquement, si l'un de vos proches décède et qu'on vous envoie des lettres de condoléances, vous devez en accuser réception. Ce mot de remerciement n'a pas besoin d'être long mais il doit être sincère. En voici un bon exemple :

Chère Amelia,
Ta gentille lettre à propos de Monsieur Pamplemousse m'est parvenue à un moment où j'avais besoin du soutien de ma famille et de mes amis. Cela m'est d'un grand réconfort de savoir que Monsieur Pamplemousse était tant chéri et je te remercie de me l'avoir écrit.

Bien à toi,
Son Altesse Simone Grimaldi.

Une Princesse au téléphone

Même si la personne à l'autre bout du fil ne peut vous voir, il ou elle vous entend. L'étiquette s'impose dans tous les cas.

Si on vous appelle

La meilleure façon de répondre consiste à dire : « Allô ! » Si votre correspondant ne s'identifie pas de lui-même, il est correct de demander : « Puis-je savoir qui est au bout du fil ? » Par la suite, si son nom ou sa voix ne vous sont pas familiers, informez-le que la personne qu'il cherche à joindre est occupée et ne peut répondre.

[Note de Mia : Ne laissez jamais entendre à un interlocuteur inconnu que vous êtes seule à la maison, en particulier si c'est le jour de sortie de votre garde du corps !]

Les avis de double appel sont pratiques et parfois nécessaires. Toutefois, il est grossier de laisser patienter quelqu'un trop longtemps. Lorsque vous répondez à l'avis d'appel, prévenez votre second correspondant que vous êtes déjà en ligne et proposez de le rappeler plus tard. Ensuite, n'oubliez pas de tenir votre promesse.

Si vous appelez

Il est considéré comme courtois et obligeant de s'identifier dès qu'on vous répond. La façon convenable de procéder consiste à annoncer : « Bonjour, je suis la Princesse douairière de Génovia. Puis-je parler au Prince René, je vous prie ? »

Ne l'oubliez pas : les bonnes manières comptent !

La protection d'une Princesse

Par Lars, spécialiste en protection

Il existe certaines occasions où la politesse n'est pas requise : c'est le cas lorsque votre vie est en péril. Les princesses disposent de gardes du corps pour assurer leur protection. Mais vous n'avez pas forcément besoin d'un expert en karaté suédois – mesurant 1,90 m et pesant 120 kg (tout en muscles) – tel que moi. Vous pouvez vous défendre seule. C'est facile !

Lorsque vous êtes accostée par un adversaire, pensez à CHANTER tout en balançant coudes et genoux aussi fort que possible contre :

le plexus solaire
le cou-de-pied
le nez
l'aine… de votre assaillant.

Vu ? CHANTEZ ! ! ! C'est simple. N'importe qui en est capable.

L'usage des cordes vocales constitue une excellente dissuasion à toute attaque physique. Dès qu'un type aux intentions louches s'approche de vous, criez. Même si votre adversaire vous intime de la boucler, hurlez de plus belle jusqu'à l'arrivée des secours. En général, les cris perturbent tant les malfrats qu'ils détalent tels des gamins apeurés.

III.

Mode

[illegible] impose [illegible] cas [illegible]

[illegible] galerie [illegible] Selon les [illegible]

[illegible] Une

[illegible] dans [illegible]

[illegible]

[illegible] ne vous offusquez [illegible]

[illegible]

[illegible] pas [illegible]

[illegible]

[illegible] rendez-vous chez [illegible]

Que [illegible] entre médecins et patients [illegible] avis ?

Qu [illegible] ous faites [illegible]

D [illegible] diplomatique internationale [illegible]...

Mot d'introduction
de Son Altesse Royale la Princesse Mia

Triste mais vrai : on nous juge plus sur notre apparence que sur notre « moi » profond. Conséquence : le look est le clignotant incontournable qui signale : *« Je suis un être d'exception. »*

L'uniforme imposé (c'est mon cas) simplifie la vie. Sinon, bonjour la galère chaque matin ! Selon les termes de Grand-Mère : « Une *garde-robe scolaire* s'impose… Une princesse ne va pas au lycée dans la même tenue qu'à un bal ou un dîner officiel où elle sera mitraillée par les photographes, la télé, etc. »

Hélas, je me vois obligée de lui donner raison sur ce point !

Je m'explique, avec un exemple.

Vous devez inaugurer un service pédiatrique, donation de Votre Altesse à l'hôpital local. Vous vous pointez emmitouflée dans votre vieux sweat-shirt chouchou…

Que vont en déduire médecins et patients, à votre avis ?

Que vous vous fichez « royalement » d'eux !

D'où, incident diplomatique international à l'horizon...

Contrairement à moi, vous avez la chance de pouvoir sortir en jean où que vous alliez. Toutefois, même pour le lycée, votre look doit s'efforcer de concilier look d'enfer et confort divin.

Chic à mourir, bien dans vos baskets

Par Sebastiano, styliste célèbre de Génovia

Vous voulez avoir le look d'un mannequin le jour de la rentrée ? Super !

Souvenez-vous toutefois que les top-models sont rémunérées pour porter des tenues chic et chères. En outre, on leur en offre aussi, n'est-il pas ? Si votre bourse est celle d'une demoiselle ordinaire, voici mes suggestions :

Fréquentez les officines qui vendent des vêtements dégriffés. Il y en a forcément près de chez vous. On y trouve de petites merveilles pour trois fois rien.

Économisez tout l'été. La veille de la rentrée, allez chiner avec vos amies. Inutile d'acheter à profusion. Juste l'essentiel.

La garde-robe scolaire idéale d'une princesse se constitue de :

- Un jean bien coupé, bleu
- Un jean bien coupé, noir
- Un pantalon de bonne coupe, couleur indifférente
- Deux gilets, couleur indifférente
- Deux pulls, *idem* pour la couleur
- Deux chemises ou chemisiers, *idem* pour la couleur
- Des t-shirts de toutes les couleurs
- Une jupe, au-dessus du genou (sans trop)
- Une jupe, au-dessous du genou (mais au-dessus de la cheville)
- Des collants
- Soutiens-gorge, slips
- Une paire de mocassins à talons plats
- Une paire de baskets
- Une paire de bottes, au niveau du genou
- Une doudoune
- Un manteau noir, au niveau du genou.

À partir de cette liste, je vous garantis un look super toute l'année. Assemblez, dépareillez ! Utilisez votre imagination ! Soyez créative ! Empruntez à Madame votre mère bracelets et écharpes. Drapez-les en toute fantaisie, sans vous soucier de l'avis des autres. S'ils n'apprécient pas votre tenue, ils n'apprécient pas non plus Sebastiano, n'est-il pas ?

En multipliant les expériences, vous trouverez le look qui vous convient le mieux.

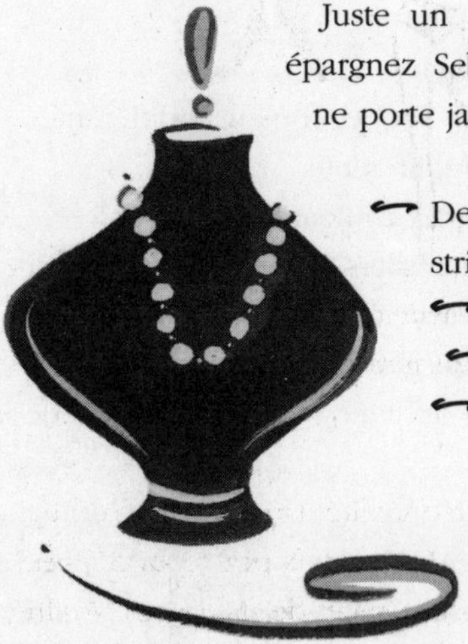

Juste un dernier mot : de grâce épargnez Sebastiano ! Une princesse ne porte jamais :

- De minijupes au ras du string
- De cuissardes
- Too short shorts
- De petits hauts moulants
- De talons aiguilles
- Ni rien de fuchsia

[Note de Mia : Excusez le langage mi-précieux, mi-d'jeune de Sebastiano qui n'a vraisemblablement jamais mis les pieds à une soirée du lycée Albert-Einstein !]

S'habiller en Princesse

Par Son Altesse Royale Clarisse Renaldo,
Princesse douairière de Génovia

Votre tenue reflète votre personnalité. Une apparence négligée révèle un esprit inculte. Les grands penseurs du siècle dernier – dont la Princesse Grace de Monaco, Audrey Hepburn, Eva Gabor… – étaient toujours habillés de façon impeccable. Remisez donc salopettes, baskets, et attendez-vous à une leçon de mode royale.

[Note de Mia : Platon, un grand penseur, ne portait qu'un drap de lit.]

Lingerie

Soutiens-gorge blancs, ou couleur chair, plus un noir à porter exclusivement avec l'indispensable petite robe noire. Jamais, jamais, jamais de soutien-gorge noir sous un chemisier blanc.

[Note de Mia : Ça suppose d'avoir quelque chose à mettre dans votre soutien-gorge, ce qui n'est pas mon cas.]

Gaines, blanches ou couleur chair. Une noire, pour la robe mentionnée ci-dessus.

[Note de Mia : Des gaines ! J'imagine qu'elle veut parler de ces trucs ventre-plat. Pourquoi nous imposer une silhouette androgyne ? Encore que... La Duchesse d'York a renoncé aux gaines et ça ne lui a pas réussi.]

Plusieurs culottes en coton, dont une noire (voir plus haut) pour éviter de transpirer sous vos jupes d'été.

[Note de Mia : Les culottes dont parle Grand-Mère datent sans doute d'avant l'invention du synthétique. Toutefois, je suis d'accord pour le coton qui, contrairement aux synthétiques, ne contribue pas à la dégradation de la couche d'ozone.]

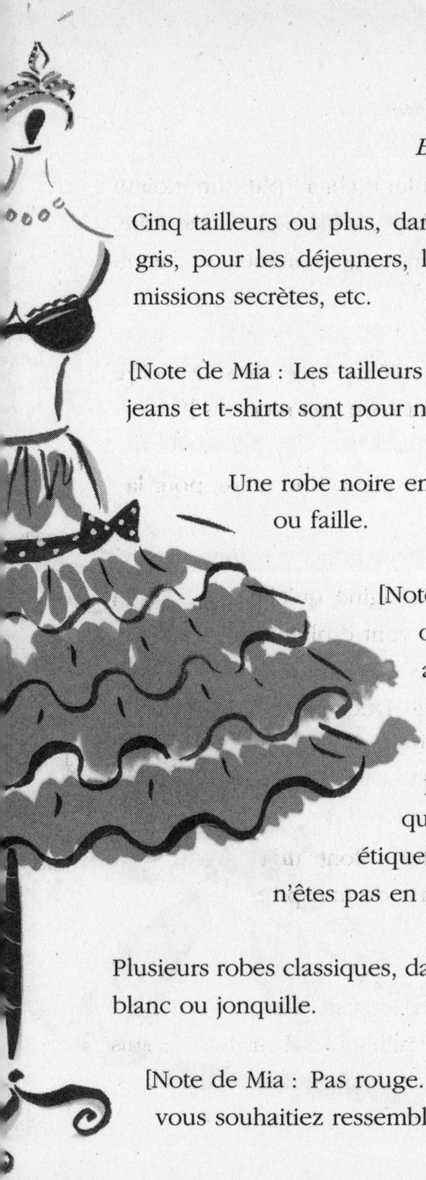

Basiques

Cinq tailleurs ou plus, dans des tons de bleu pastel ou gris, pour les déjeuners, le thé, les réunions d'État, les missions secrètes, etc.

[Note de Mia : Les tailleurs sont à Grand-Mère ce que les jeans et t-shirts sont pour nous.]

Une robe noire en taffetas, soie, lainage, velours ou faille.

[Note de Mia : Selon Grand-Mère, on ne doit pas s'habiller en noir avant dix-huit ans, hors dans le cas de funérailles nationales. Hum ! Il est clair qu'elle n'a jamais mis les pieds dans un quartier où on vous colle une étiquette d'animal de foire si vous n'êtes pas en noir, avec au moins un tatoo.]

Plusieurs robes classiques, dans des tons de bleu pâle, rose, blanc ou jonquille.

[Note de Mia : Pas rouge. Jamais de rouge, à moins que vous souhaitiez ressembler à Nancy Reagan.]

Un manteau en poil de chameau. Parfait du matin jusqu'au soir. Vérifiez qu'il est coupé de telle sorte que vous puissiez le porter sur une jupe à crinoline.

[Note de Mia : Contrairement à ce que je croyais, les manteaux actuels en poil de chameau ne sont plus fabriqués avec de la vraie fourrure. On peut donc en acheter sans avoir le meurtre d'un dromadaire sur la conscience. Oh, j'allais oublier : des CRINOLINES ! ! ! HA, HA, HA ! ! !]

Une cape en chinchilla : toute princesse digne de ce nom en possède une.

[Note de Mia : Euh, une seconde ! Avez-vous déjà vu un chinchilla ? C'est l'animal le plus adorable, le plus câlin qu'on puisse imaginer. On jurerait un écureuil roulé dans de la barbe à papa. Posséder une cape confectionnée avec des centaines de petits chinchillas morts ? Autant renoncer *illico* à votre titre de princesse !]

Un imperméable : parce que, parfois, en dépit de tout, il pleut, même sur les princesses.

Chaussures

Des mocassins en cuir, cousus main de préférence, en provenance d'Italie.

[Note de Mia : D'accord pour le cuir. Plein de gens mangent du bœuf (moi, pas). Du coup, on sait que les bêtes n'ont pas été assassinées uniquement pour le confort de nos pieds.]

Une paire d'escarpins noirs, à talons de 5 cm maximum.

[Note de Mia : Comme ça, vous ne dépassez pas votre petit ami d'une tête. Encore que ce ne soit pas un drame !]

Des sandales or ou argent pour le soir.

[Note de Mia : En ce qui me concerne, mes pompes préférées sont en cuir noir avec des lacets jaunes. Oui, je parle bien de bottes de combat ! C'est le top du confort. D'ailleurs, on les a inventées pour ça. Les soldats doivent marcher pendant des heures avec, par tous les temps. En plus, ces pompes annoncent tout de suite la couleur : je refuse de me plier aux règles qu'on veut m'imposer. Je suis juste moi : Mia Thermopolis, princesse, lycéenne, et supporter de Greenpeace !!!]

Une dernière précision : les bottes de combat ne conviennent en aucun cas à une princesse.

Un simple collier de perles fines convient pour tous les jours.

[Note de Mia : Savez-vous que lorsqu'on extrait une perle, l'huître en meurt ? Songez au monceau d'huîtres sacrifiées pour le collier que vous recommande Grand-Mère !]

En boucles d'oreilles, des perles assorties.

[Note de Mia : Et deux huîtres mortes en plus !]

Des bijoux en diamant, de bon goût : pas moins de un carat ; pas plus de trois. Le tape-à-l'œil est indigne d'une princesse.

[Note de Mia : Assurez-vous que vos diamants ne proviennent pas d'un pays où les enfants sont exploités comme des esclaves dans les mines !]

Une tiare, de 75 carats minimum.

[Note de Mia : Voir plus haut ! ! !]

Des gants en coton blanc qui montent jusqu'au coude.

[Note de Mia : Là, je suis pour ! C'est commode pour dissimuler le fait que vous vous rongez les ongles comme une malade devant un film d'épouvante à la télé.]

Avec une garde-robe de ce type, aucune femme – qu'elle soit paysanne ou princesse – ne sera jamais déplacée. À Wimbledon comme à un mariage royal, sa tenue sera parfaite. Et c'est ce qui compte.

[Note de Mia : À propos de comptes... Voici mon opinion personnelle : une princesse digne de ce nom préférera donner de l'argent à une organisation internationale de protection des animaux plutôt que d'investir dans cette garde-robe extravagante !]

La perfection selon Grand-Mère

La véritable Mia

Du bon usage de la tiare

L'accessoire essentiel d'une garde-robe princière est – évidemment – sa tiare. Il existe un grand nombre de couvre-chefs étincelants, depuis le serre-tête décoratif jusqu'à la mitre papale bordée d'hermine. Toutefois, l'archétype royal le plus identifiable est la tiare. La position correcte se situe approximativement à 5 ou 6 cm de la naissance des cheveux. Trop près du front, vous ressemblez à une femme de Neandertal ; trop loin, on ne distingue pas votre tiare sur les photos de presse.

On ne s'en coiffe jamais pour le petit déjeuner. En fait, il est déplacé de la porter avant onze heures du matin, hormis dans le cas de funérailles ou de mariages royaux.

En outre, on ne porte pas la tiare :

- pour la natation
- pour l'équitation
- pour le ski nautique
- sous un casque de chantier en cas de visite d'un édifice en construction
- lors d'un coup d'État

[Note de Mia : Il est déconseillé de sortir votre tiare de son sac lorsque vous vous trouvez à bord d'un véhicule en mouvement ou d'un avion. En effet, elle pourrait vous échapper des mains et blesser l'œil d'un passant innocent. Quoique ça ne me soit jamais arrivé. Enfin, juste une fois.]

IV.

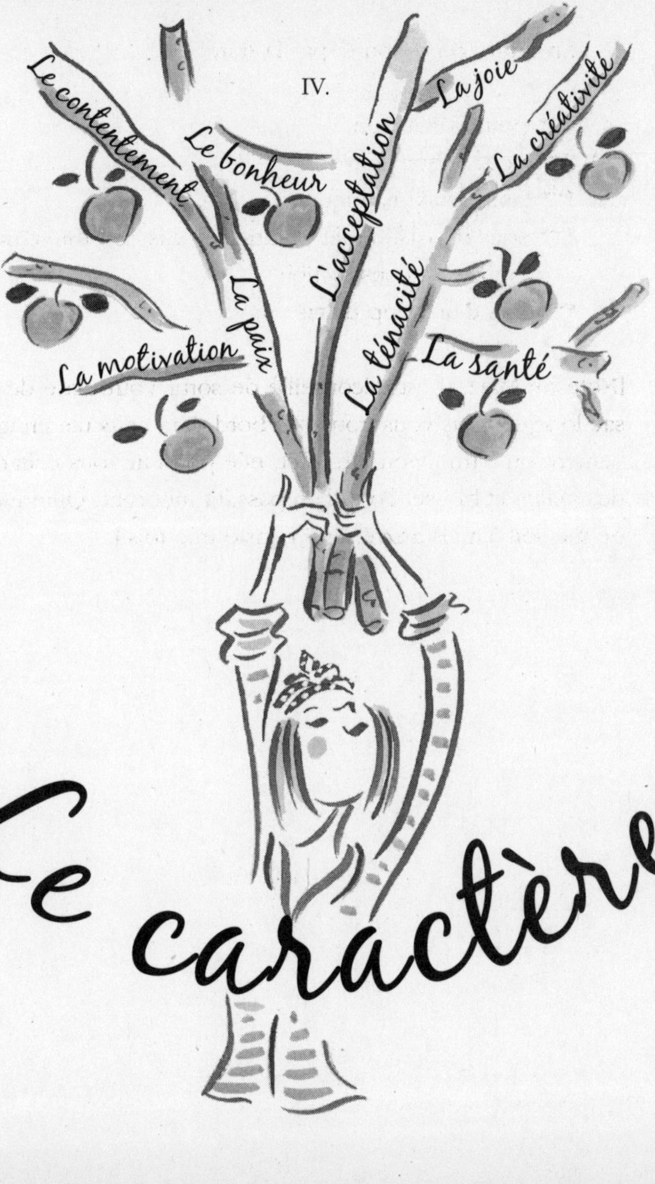

Le caractère

Une réflexion
de Son Altesse Royale la Princesse Mia

Vous êtes sans doute aussi surprise que je l'ai été quand j'ai découvert qu'une princesse ne doit pas se contenter d'être belle, bien élevée, bien sapée. Elle a plein d'autres obligations... Genre : se montrer généreuse envers ceux qui sont moins chanceux qu'elle, se tenir au courant des problèmes sociaux, etc. Ce type de comportement entre dans la rubrique « Caractère ».

Nul besoin d'être née dans une famille royale pour avoir bon caractère.

Je connais des tas de personnes qui n'ont rien – mais rien – de royal ! Elles sont pourtant bourrées de qualités carrément princières.

Entre autres, elles s'évertuent à s'autoréaliser à fond. En quoi ça consiste exactement, me direz-vous ? Eh bien, j'avoue que c'est un peu obscur pour moi aussi. Alors – pour m'orienter et vous orienter, au mieux, dans cette voie – j'ai recueilli des tuyaux auprès de quelques spécialistes.

Arbre de l'autoréalisation selon Jung

Pour recueillir les fruits de votre existence, commencez par cultiver une base solide de RACINES :

Souplesse	Paix	Créativité
Tolérance	Ténacité	Complétude
Santé	Motivation	Bonheur
Joie		

La théorie de Jung établit qu'en développant les caractéristiques ci-dessus, vous récoltez les récompenses ci-dessous :

Compassion	Amour	Enthousiasme
Charité	Chaleur	Indulgence
Amitié	Tendresse	Gratitude
	Confiance	

Vu ? Facile. Soyez une fille bien. Non seulement vous avez l'air d'une princesse, mais vous atteignez les sommets de l'harmonie spirituelle !

Comment se faire des amis

Par Hank Thermopolis, top-model mâle, récemment transplanté de Versailles (Indiana) à New York City

Donc, vous vous présentez à une nouvelle agence de mannequins et vous ne connaissez personne. Ce n'est pas une excuse pour rester dans votre coin ! La seule façon de se faire des amis consiste à se montrer… eh bien, amical ! Souriez aux gens. Dites-leur : « Salut, ça va ? » Ne vous immiscez pas dans une conversation privée, mais si vous entendez quelqu'un parler d'un film que vous venez de voir, rebondissez : « Hé, je l'ai vu ! C'est énorme quand l'alien géant arrache la tête du type, non ? » ou ce genre de choses.

Vous appartenez à la catégorie des mecs timides ? Essayez de trouver une autre personne timide ! Cette fille qui est seule, la tête plongée dans un bouquin. Allez vers elle et parlez-lui : « Salut, ça va ? Je suis nouveau ici ! Peux-tu m'indiquer où on dépose les press-books ? » Certes, elle vous enverra peut-être balader mais le risque est minime. Sinon, vous l'avez, votre amie !

N'oubliez jamais que ce n'est qu'un début. Vous devez aussi savoir garder vos amis. Comment ça, me demandez-vous ? Eh bien, en vous montrant loyal. Ne les trahissez jamais, ne les oubliez pas, même quand vous, on vous voit à moitié nu sur une affiche géante à Times Square.

Ayez l'esprit sportif

Par son Altesse Royale
le Prince René Philippe Auguste Giovanni

Il ne suffit pas d'être athlétique ; avoir l'esprit sportif est plus important. On attend de vous que vous donniez le bon exemple aux autres (en tout cas, si – comme moi – vous avez eu la chance de naître dans une famille royale). Ça implique de ne pas être un mauvais perdant. Quand il est battu, un prince ne pète jamais les plombs sur le terrain, n'accuse pas ses adversaires de tricher, ne jette pas son maillet de polo. Il accepte sa défaite de bonne grâce, serre la main du gagnant avec un : « Bien joué ! » sincère. Un prince ne se plaint pas de l'état du terrain ni d'une décision de l'arbitre, même si cette contestation est justifiée.

Quand un prince gagne une partie, il ne jubile pas ouvertement ; il n'exécute pas de danse de Sioux après avoir marqué un but et ne ridiculise pas les perdants par des chants grossiers. Un bon gagnant reconnaît la valeur de son adversaire et n'oublie pas qu'il pourrait se trouver à la place du vaincu.

Qu'il skie, participe à une régate, ou dispute une simple partie de billard dans la salle de jeu du palais, un prince se donne à fond, manifeste de l'enthousiasme, essaie de garder le sourire – même lorsqu'il est battu à plate couture.

Comment être une bonne spectatrice

Par Lily Moscovitz, boulimique de cinéma, sortant avec un mec qui respire par la bouche

Soyons clair : il n'y a RIEN de plus exaspérant que de payer vos dix dollars (davantage, si vous vivez au Canada ou si vous avez acheté du pop-corn et du soda) pour vous retrouver dans une salle de cinéma au milieu de gens qui parlent fort et bourrent de coups votre fauteuil pendant toute la séance. Ce n'est PAS une attitude de princesse. Ce n'est même pas digne d'un être humain.

Lorsque des personnes se rassemblent dans un lieu public pour un événement sportif, un film, un concert, ils ont en principe pris un billet pour se distraire. Il est donc très mal élevé de gâcher leur plaisir en :

- mâchant bruyamment des chewing-gums ;

- braillant en face de l'écran (d'accord, ça peut être drôle lors de la projection d'un film d'horreur ou autre, mais PAS TOUT LE TEMPS) ;
- répondant à des appels sur leur portable ;
- bavardant fort ;
- criant des obscénités aux supporters de l'équipe adverse
- ou en FUMANT.

Un mot à ceux qui respirent par la bouche : d'accord, vous souffrez d'une déviation de la cloison nasale. Et alors, est-ce une raison suffisante, HEIN ? ? ?

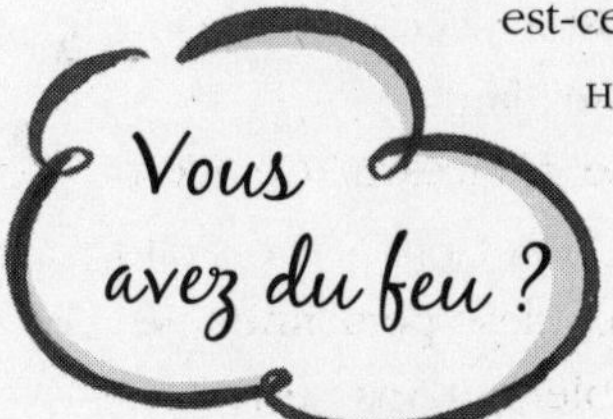

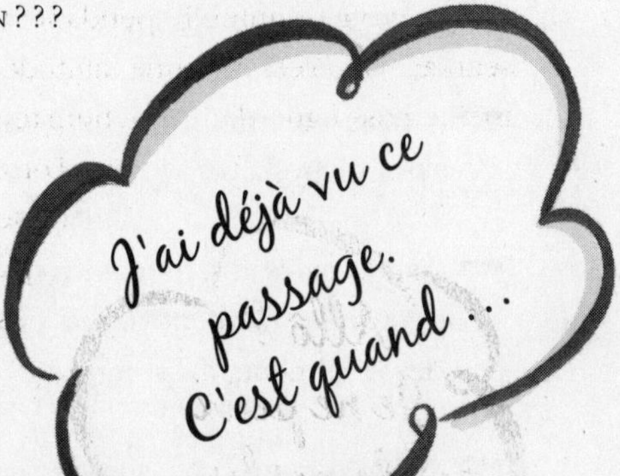

Pourriez-vous ESSAYER de serrer les lèvres et de respirer par le nez ??? S.V.P. !!!

On vit tous sur la même planète. Autant ne pas se porter mutuellement sur les nerfs.

Vous venez de recevoir un mail

Par Kenneth Showalter, fan de e-mails

Tout le monde aime recevoir des mails. Je ne connais personne qui râle : « Oh, non, *encore* ! » en trouvant des messages dans sa boîte. Les gens adorent avoir du courrier tant qu'il n'est ni porno ni virussé.

Moyen sympa et rapide de communiquer avec vos amis, le mail est aussi le plan idéal – si vous n'êtes pas très à l'aise en face à face avec le sexe opposé – pour engager une relation avec l'objet de votre passion secrète. Bien sûr, certaines précautions s'imposent. Par exemple :

- Cesser d'écrire si on ne vous répond pas : il ou elle n'est pas intéressé(e).

- Des e-mails interminables (ou trop nombreux en une seule journée) risquent de gaver quelqu'un qui n'éprouve pas des sentiments aussi intenses à votre égard.

- Ne répondez pas sur-le-champ. L'être de vos rêves s'imaginerait que vous n'avez rien de mieux à faire que de consulter votre boîte toutes les cinq minutes (même si c'est exact). De plus, l'incertitude corse les relations amoureuses. Laissez-la poireauter un peu !

Ne l'oubliez jamais : il y a une nuance entre draguer et étouffer les gens à mort.

[Note de Mia : Si vous avez rencontré le type pour qui vous craquez à l'occasion d'un *chat* sur Internet, gardez à l'esprit qu'il peut s'agir d'un psychopathe qui a mauvaise haleine ; d'un agent double d'un royaume rival ; ou autre. Allez-y mollo.]

La popularité

Par Shameeka Taylor, amie de la Princesse Mia Thermopolis, récemment promue pom-pom girl

On veut toutes être populaires. Mais certaines ont beau se donner un mal de chien, elles n'y arrivent pas. Exemple : Mia, qui est princesse, n'est pas populaire. J'ai essayé de devenir pom-pom girl et – bien que j'y sois parvenue et tout – je ne suis toujours pas populaire. Non que je le désire. Ce n'est pas dans ce but que j'ai tenté d'intégrer l'équipe. Je voulais juste voir si j'en étais capable. Et j'ai réussi.

À mon avis, personne ne sait exactement pourquoi les gens sont populaires ou pas. Une fille au physique banal est promue reine du bal au lycée, tandis qu'aucun mec n'invite d'autres filles – vraiment belles. Ça signifie que votre look n'y est pour rien. Un type nul est élu délégué de classe, alors que d'autres – vraiment géniaux – se retrouvent seuls devant la télé le samedi soir. Autant dire que votre comportement ne change rien à l'affaire.

Je suppose que la popularité relève davantage d'un état d'esprit. D'après ce que j'ai pu observer, moins on désire être populaire, plus on a de chances de le devenir. Alors, inutile de se prendre la tête pour gravir les échelons de la hiérarchie sociale au lycée. Mieux vaut de *vrais* amis que des copains populaires. Restez vous-même sans vous sou-

cier de l'opinion d'autrui. C'est le seul moyen de parvenir à l'autoréalisation que vous conseille Mia. Du moins, pour ce que j'en sais.

[Note de Mia : Bien que Shameeka ait intégré l'équipe des pom-pom girls, on lui pardonne : ça prouve que certaines peuvent être sympa. (Sans compter que, du coup, elle nous raconte plein de trucs sur Lana !)]

Cinq consignes simples pour sauver la planette

Par Son Altesse Royale la Princesse Mia Thermopolis

Une princesse désire préserver durablement cette planète et les espèces qui y vivent.
En respectant les consignes simples ci-dessous, vous pouvez – à votre échelle – y contribuer :

1. Marchez. Roulez à vélo. Empruntez les transports en commun s'il en existe là où vous vivez. Économisez les sources d'énergie.

2. Vous voyez ce truc en plastique autour des canettes de soda vendues par pack de six ? Fermez hermétiquement ses extrémités avant de le jeter à la poubelle. Parfois, ces bidules atterrissent dans l'océan. Si le rostre d'un dauphin s'introduit accidentellement dans les orifices, il s'y retrouve coincé. Bouche fermée, incapable de se nourrir, il meurt de faim.

3. Recyclez. Ce n'est pas sorcier. Les boîtes en métal, dans un sac ; les journaux, ficelés ; et ainsi de suite.

4. Supportez les candidats soucieux de protéger l'environnement. Même si vous n'avez pas l'âge de voter, soutenez bénévolement leur campagne. Ils se battent pour améliorer la qualité de l'air qu'on respire.

5. STOP À LA POLLUTION !

Mia Thermopolis et Lilly Moscovitz dressent la liste des films dans lesquels les personnages pratiquent l'autoréalisation ou témoignent d'un savoir-vivre princier

Vision quest : Matthew Modine, bien que plaqué par Linda Fiorentino, reste fidèle à lui-même et gagne le tournoi (en même temps que le cœur de Daphné Zuniga) tout en portant un ravissant justaucorps.

Matrix : Keanu Reeves choisit de sauver l'humanité plutôt que de se prélasser en rêvant d'un steak.

Crazy Beautiful : Kirsten Dunst fait des concessions dans sa relation avec son père, sinon il l'enverra dans un camp pour ados perturbées où elle ne reverra plus jamais son mec supercraquant.

La Revanche d'une blonde : Petit à petit, Reese Witherspoon réalise que le savoir est plus important que les registres de mariage, sans pour autant cesser de rester fabuleuse.

American girl : Des pom-pom girls (dirigées par Kirsten Dunst) comprennent que gagner n'est pas tout : il est parfois plus important de se comporter correctement.

Save the Last Dance : Une danseuse de ballet (Julia Stiles) finit par admettre qu'elle n'est pas obligée de raccrocher ses ballerines sous prétexte que sa mère a trouvé la mort en venant assister à son audition.

SpiderMan : Tobey Maguire démontre qu'avoir la faculté de maîtriser la Terre entière ne signifie pas que vous devez le faire. Une leçon qui vaut pour tous les grands de ce monde !

V.

Études

Un mot
de son Altesse Royale la Princesse Mia

Contrairement à la croyance populaire, il n'est pas nécessaire d'avoir eu le prix d'excellence en classe pour régner sur un pays. À la limite, on peut même faire l'impasse sur le lycée quand on va hériter d'un trône un jour ou l'autre, ce qui est mon cas.

Toutefois – manque de bol – ce n'est pas l'avis général. Tenez, prenez mon père : il me tanne pour que j'aille à l'université bien que ma carrière de princesse soit tracée d'avance. C'est dingue ! Mon entourage attend de moi – non seulement que je décroche le bac – mais que je poursuive des études supérieures ! Ceci dit, après réflexion, ils n'ont peut-être pas entièrement tort. Autant avoir quelques notions en histoire, maths, etc. Comme ça, vous vous sentez moins nulle le jour où – face au Parlement – vous êtes censée approuver des lois concernant les impôts et autres sujets aussi grisants…

Toutefois, je tiens à préciser que le lycée est le pire cauchemar de mon existence (outre celui d'être princesse !) Certains affirment que les années-lycée sont les meilleures années de la vie. À d'autres !

L'éducation idéale d'une future monarque

Par Son Altesse Royale Clarisse Renaldo,
Princesse douairière de Génovia

De mon temps, il était de bon ton qu'une jeune fille poursuive une scolarité classique uniquement si c'était un laideron ou si elle n'avait nulle autre occasion de rencontrer un bon parti.

Aujourd'hui, les choses ont changé. J'estime primordial que les filles acquièrent à l'école une culture générale parfois sous-estimée par leurs mères. Même une apprentie princesse a besoin de bases solides dans les matières suivantes :

- Le latin (afin d'être capable de déchiffrer les armoiries familiales de ses pairs)
- Le français (pour traduire les mots doux qu'on lui susurre à l'oreille tout comme le menu de la Tour d'Argent)
- Les travaux d'aiguille (broderie, petit point, crochet… Une femme de qualité ne se tourne jamais les pouces !)
- La danse (valse, rumba, tango)
- La gemmologie (elle doit être apte à distinguer le vrai du toc quand on lui offre un bijou)

Sitôt ces données élémentaires devenues familières, je vous garantis une existence jonchée d'histoires d'amour hyperromantiques et d'aventures exotiques.

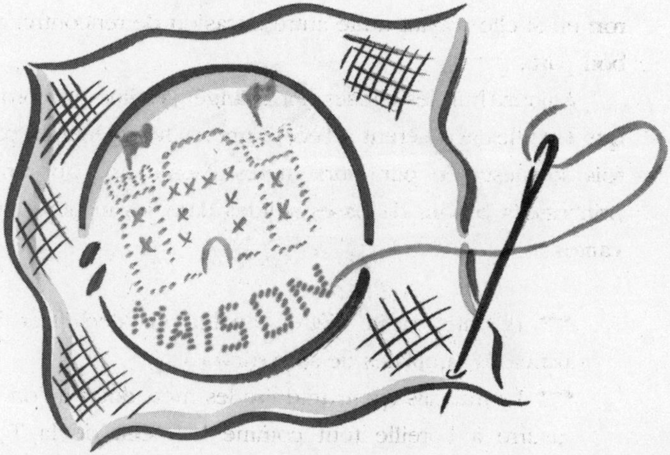

Les filles doivent apprendre les danses de salon…

… pour ne pas être ridicules au bal de prom'.

La culture nécessaire à un futur monarque

Par son Altesse Royale le Prince Arthur Christophe Philippe Gérard Grimaldi Renaldo de Génovia

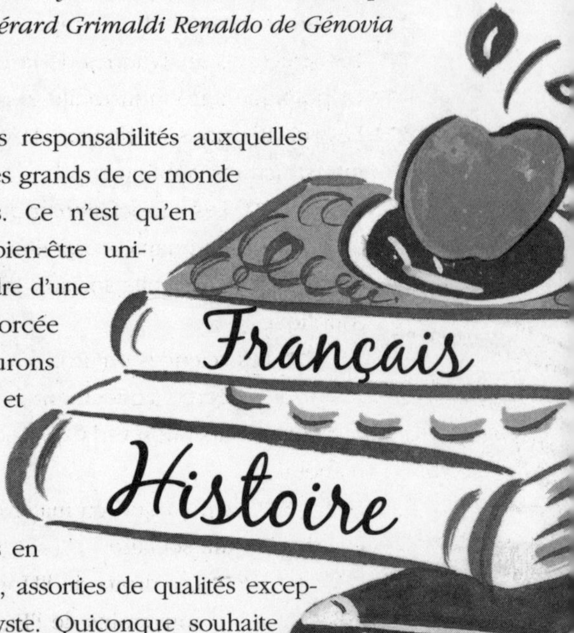

De nos jours, les responsabilités auxquelles sont confrontés les grands de ce monde sont ahurissantes. Ce n'est qu'en contribuant au bien-être universel dans le cadre d'une démocratie renforcée que nous saurons abolir la dictature et la tyrannie. Gouverner aujourd'hui nécessite des bases solides en matière d'histoire, assorties de qualités exceptionnelles d'analyste. Quiconque souhaite réussir sa carrière dans le service public – ou plus simplement aider à résoudre les problèmes quotidiens qui se posent aux fonctionnaires – doit, sinon posséder un diplôme, du moins être familiarisé avec ce qui suit :

- L'économie politique
- La bioéthique
- L'analyse quantitative de la productivité
- Les paradis fiscaux et la législation financière locale en vigueur
- Le calcul comparatif des impôts sur le revenu
- Les structures analytiques de la politique
- La politique agro-industrielle et agroalimentaire
- Les privatisations, la finance, la régulation des infrastructures publiques
- Les négociations pour l'élargissement de la Communauté européenne
- Les conflits sociaux et la sécurité publique
- Les sciences environnementales
- Les décrets concernant la Justice
- La conception et la gestion des économies d'énergie
- La politique en matière d'éducation et de réforme scolaire
- Les droits de l'Homme, les droits souverains de l'État, la persécution
- La guerre et les conflits ethniques
- Les lois concernant la gestion des conflits internationaux
- Les diverses fonctions dans l'armée et le gouvernement

- L'interventionnisme et le maintien de la paix
- Le profit et l'usage du pouvoir institutionnel
- Les prises de décisions face à un conflit
- La concertation en cas de discorde sociale
- La façon intelligente de commander et réglementer
- La répartition du budget entre la défense et l'offensive
- Le contrôle de la prolifération des armes de destruction massive

Grâce à une diplomatie avisée, les graines de la paix internationale ont été semées. Seules vos connaissances sauront les faire germer et s'épanouir. Le sort du monde est entre vos mains. On compte sur vous !

Les activités extrascolaires

Par Lana Weinberger,
membre de l'équipe des pom-pom girls du lycée

Participer à des activités extrascolaires n'est pas seulement prétexte à côtoyer des garçons en dehors des heures de cours (encore que ça aide !). L'essentiel se situe ailleurs. Le lycée épluche votre dossier et s'assure de votre aptitude à vous motiver au-delà des matières imposées.

Quelques exemples d'activités auxquelles je vous suggère d'adhérer : pom-pom girl, bien sûr (à condition d'être jolie et souple) ou divers sports d'équipe tels que le foot ; la gymnastique rythmique ; la voile ; la course à pied ; le volley ; le basket ; le base-ball ; etc.

Autres pistes : le journal du lycée ; le groupe de théâtre ; la chorale ; le club d'échecs ; le club informatique ; etc.

Si vous êtes nulle de chez nulle dans ces

domaines, je vous conseille le bénévolat. Genre : restos du cœur ; Greenpeace ; prêter main-forte à l'hôpital ou à la bibliothèque municipale ; tendre une main secourable aux sans-abri…

Les enseignants sont sensibles à votre engagement personnel. D'accord, ça implique parfois de fréquenter certains individus que (*a priori*) vous fuyez comme la peste (*de peur d'être vue en leur compagnie*).

xxxoo Lana

Enfin, je profite de l'occasion pour vous supplier de ne pas monopoliser la glace des toilettes 24 heures sur 24. Ça devient carrément galère pour moi de vérifier si mon gloss à lèvres tient la route…

[Note de Mia : Lana ne signale pas que les supposés nuls d'aujourd'hui (selon les diktats du lycée) peuvent devenir demain les futurs George Clooney ; Albert Einstein ; Steven Spielberg ; Bill Gates ; etc. En passant ceci sous silence, elle risque de décourager lesdits nuls de s'investir dans les activités extrascolaires qu'elle défend – par ailleurs – avec brio !]

VI.

L'UNIVERS INSONDABLE DES GARÇONS

Note de son Altesse Royale la Princesse Mia

Alors, vous l'avez enfin trouvé, votre Prince charmant... Ou, au moins, il y a un mec sur qui vous flashez. Vous brûlez du désir de le connaître de façon plus intime. Mais vous ne savez trop comment vous y prendre ; vous flippez... Et s'il vous envoyait sur les roses ? Bonjour l'humiliation !

Rassurez-vous. Voici des conseils précieux pour attirer son attention sans que votre adoration béate le fasse détaler tel un faon aux abois. Des conseils béton, basés sur l'expérience. En effet, j'ai confié ce passage à une experte en la matière. Elle a lu au moins un millier de romans d'amour. Il s'agit de Tina Hakim Baba, ma copine de lycée.

Mieux encore ! J'y ai inclus un document qui vaut son pesant d'or. Une interview exclusive de Michael Moscovitz, MON PRINCE CONSORT, en personne.

Je veux vous voir galoper en direction du soleil couchant avec le Prince charmant. Voici comment y parvenir !

Par Tina Hakim Baba, la spécialiste du lycée en love stories

Sept secrets pour ensorceler le garçon de vos rêves ou – au moins – sortir une fois avec lui :

1. En sa présence, soyez fraîche et jolie. Évidemment, c'est un peu galère si vous allez tous les deux au même cours de gym, mais vous voyez ce que je veux dire. Efforcez-vous de rester aussi fraîche et jolie que possible en toute circonstance.

2. Montrez-vous sympa, sans excès. Souriez, dites-lui « Salut ! » quand vous le croisez. Si l'occasion d'engager la conversation se présente, saisissez-la, sans la provoquer par ruse. (Exemple : vous faites semblant d'avoir été bousculée par lui et – en perdant l'équilibre – vous perdez aussi votre tiare. La plupart du temps, les garçons subodorent le piège.)

3. Lorsque vous avez enfin lié connaissance, allez-y sur la pointe des pieds. Ne déballez pas devant lui votre sac à dos

de problèmes, même si *vous* les jugez dramatiquement passionnants. Ne lui révélez pas non plus les derniers cancans. Vous souhaitez l'impressionner par votre intelligence et votre charme ? N'allez pas risquer de le paniquer ou le dégoûter !

4. Pensez à l'écouter quand vient son tour de parler. Rien n'est plus irrésistible qu'une oreille attentive. Comment lui manifester que vous buvez ses propos ? Fastoche !

- Ne l'interrompez jamais.
- Regardez-le dans les yeux.
- Laissez-lui la parole aussi longtemps qu'il le désire avant d'intervenir.

5. Vous avez de longues conversations avec le même garçon et il ne vous a pas encore demandé de sortir avec lui ? Pas de panique ! Moins matures que les filles, les mecs ne savent pas toujours lire entre les lignes. Accordez-lui un peu de temps.

6. Il vous faudra sans doute envisager de prendre quelques mesures drastiques. Comme vous inscrire à un club qu'il fréquente et assister aux événements qui le branchent jusqu'à ce qu'il vous remarque. Rien n'interdit de feindre une passion –

disons – pour les araignées, s'il est arachnophile. Toutefois, mieux vaut attendre que vous soyez ensemble pour lui avouer que c'est *pour lui* que vous vous souciez de ces créatures à huit pattes.

(P.S. : Assurez-vous que vous avez au moins deux ou trois goûts en commun, sinon vous finirez par passer des heures mortelles dans la partie du zoo consacrée à ces bestioles ET vous taper mille et un documentaires tout aussi mortels sur les tarentules et autres espèces velues.)

7. Si, après tout ça, rien ne se produit, prenez le taureau par les cornes (façon de parler !) et déclarez-vous la première.

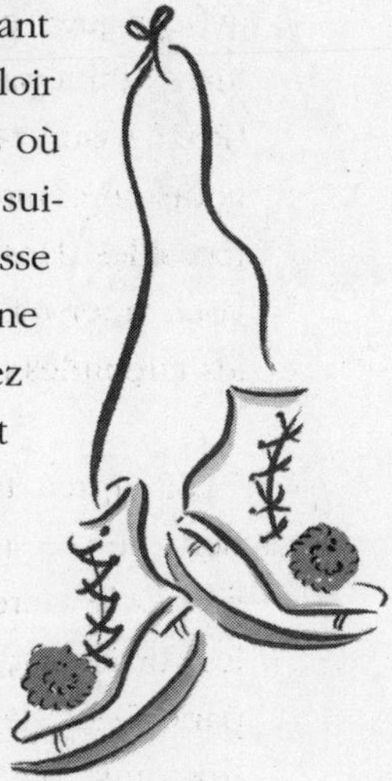

Selon la grand-mère de Mia, il est inconvenant qu'une fille fasse le premier pas. Sans vouloir l'offenser, j'estime qu'elle a tort. Le seul cas où vous devez éviter de vous jeter à l'eau est le suivant : le mec pour qui vous craquez ne cesse de vous tourner le dos. Il a forcément une bonne raison pour ça. Vous ne l'intéressez pas ; il en aime une autre ; il n'a pas le droit de sortir avec une fille qui pratique une religion différente de la sienne ; ses parents l'ont fiancé dès l'enfance à la princesse d'un royaume allié.

Ne prenez pas son refus comme une offense personnelle (c'est dur, je sais !). Laissez tomber. Qui sait ? Il peut changer d'avis (sauf qu'entre-temps, vous aurez probablement trouvé l'amour de votre vie !).

Voici 6 secrets pour vous aider à transformer ce *Non, merci* redouté en *Ouiiiiiiii !*

1. Les études constituent un bon prétexte qui minimise le stress. Vous pouvez par exemple lui proposer de passer chez vous (quand vos parents sont à la maison) afin de réviser ensemble et vous tester mutuellement en vue du contrôle d'histoire. Autre piste à explorer : les sorties collectives. Se rendre en bande à la patinoire, au restau ou au

ciné, c'est plus rigolo et moins intimidant qu'un tête-à-tête quand on veut mieux connaître quelqu'un et entamer une relation.

2. Invitez-le pour un événement précis programmé à une date déterminée. Pas de : « Et si on allait quelque part ensemble un de ces quatre ? » C'est risqué car vous ne lui laissez aucune chance de refuser poliment s'il en aime une autre. Essayez plutôt : « Dis-moi, ça te brancherait de m'accompagner à mon couronnement samedi prochain ? » Ainsi, s'il vous aime mais n'est pas libre samedi, il peut répondre : « Désolé, samedi, je suis pris. Mais dimanche, avec plaisir ! » Au cas où vous ne lui plairiez pas, il lui suffira d'un : « Désolé, je suis pris. »

3. En règle générale, la proposition doit avoir lieu au moins deux ou trois jours à l'avance, voire une semaine ou davantage s'il s'agit d'une fête spéciale, genre bal de fin d'année. Il est grossier d'appeler le samedi après-midi pour le soir même, à moins qu'il s'agisse d'une réunion habituelle. Si vous attendez la dernière minute, vous lui laissez entendre qu'il n'a rien de mieux à faire que de sortir avec vous. Mauvais plan !

4. Lancez-vous en personne, par téléphone ou e-mail. Pas question de déléguer à une copine sous prétexte que vous êtes trop timide : qui voudrait sortir avec une poule mouillée ? En outre, s'il refuse, la Terre entière le saura. Résultat : vous êtes à la fois « grillée » et humiliée.

5. Agissez lorsqu'il est seul, pas quand il est entouré de sa bande de potes. Les garçons – c'est bien connu – sont immatures : ils ne se font pas de cadeaux en matière de romantisme. Épargnez-lui (épargnez-vous) cette torture. Et, si vous l'appelez, veillez à téléphoner à une heure décente, genre avant 9 heures du soir. Inutile de vous mettre ses parents à dos avant même de les avoir rencontrés !

6. Côté pratique : en principe, c'est la personne invitante qui banque. Si VOUS faites la démarche, ne comptez pas qu'IL règle la totalité des frais ! Vous n'avez pas l'intention de payer pour lui ? Mettez les choses au point à l'avance afin de vous assurer qu'il aura assez d'argent sur lui. Genre : « Ça te dit une partie de bowling vendredi soir ? J'offre la pizza ; toi, l'entrée et la location des chaussures, O.K. ? »

Il vous demande de sortir avec LUI*…*

Bingo ! Il l'a fait ! Enfin, il l'a fait ! Vous êtes une veinarde… N'allez pas tout gâcher en bondissant comme un cabri, le poing levé en signe de victoire. De l'enthousiasme, d'accord ; de l'hystérie, non !

[Note de Mia : Si vous êtes dans mon cas et que votre père – monarque d'une petite principauté européenne – vous interdit de sortir avec un garçon qu'il n'a pas encore rencontré, vous devez confesser immédiatement ceci au premier mec qui veut sortir avec vous. Ce serait trop injuste qu'il découvre le pot aux roses à la dernière minute. Le pauvre a besoin de temps pour se préparer mentalement : il est parfois très intimidant de se trouver devant une Altesse Royale.]

« Alors, d'accord, on sort ? »

Cinq cas de figure possibles à la Grande Question

1. Vous devez obtenir l'autorisation de vos parents avant d'accepter sa proposition ? Répondez-lui : « Oh j'adorerais t'accompagner au planétarium samedi, mais je dois d'abord voir si maman a d'autres plans. Je t'appelle dès que je sais, O.K. ? » Ensuite, recontactez-le au plus tôt.

2. Une fois qu'une princesse a dit « oui », il est très inconvenant d'annuler le rendez-vous à la dernière minute sous prétexte :

- qu'un garçon sur lequel elle flashe davantage lui a fait une proposition identique ;
- ou qu'elle réalise tardivement que ce mec ne la branche pas autant que ça.

Vous vous êtes engagée ; vous DEVEZ y aller. Se décommander n'est excusable que pour un motif grave. Genre : maladie perso soudaine ou urgence familiale incontournable (un coup d'État dans votre royaume, par exemple). Si vous êtes dans l'un de ces deux cas, prévenez sur-le-champ le garçon en question.

Ne posez jamais, jamais de lapin sans explication. Comment vous sentiriez-vous si on vous faisait le même coup, hein ?

3. Ce mec ne vous plaît qu'à moitié ? Réfléchissez avant de refuser. Parfois, des gens qui ne font pas très bonne

impression au premier abord se montrent sous un jour différent en d'autres circonstances. Le type qui n'arrête pas de blaguer en cours n'est peut-être pas aussi mignon que le beau ténébreux pour qui vous craquez en secret... Toutefois, n'oubliez pas qu'un bon fou rire vaut mieux que mille soupirs devant un profil à mourir.

4. Si vous ne pouvez carrément pas l'encadrer, répondez : « Désolée, j'ai déjà d'autres plans ! » Inutile d'entrer dans les détails ni d'inventer des prétextes compliqués. Si, par exemple, vous prétendez : « Désolée mais ce soir je dois présider le baptême d'un cuirassé » – et que ce type vous croise en fait au cinéma – il en sera blessé. Une princesse s'efforce toujours de ménager les sentiments d'autrui. Ainsi, après un refus poli, une princesse n'appellera pas toutes ses copines pour leur dire : « Tu ne devineras jamais *qui* vient de me demander de sortir avec lui ! » Non. Elle s'efforce de traiter chacun comme elle voudrait être traitée.

5. Il vous plaît pour de vrai ; vous avez *vraiment* envie de sortir avec lui ; c'est hélas impossible car vous n'êtes *vraiment* pas libre ! Exprimez des regrets sincères afin qu'il puisse renouveler sa proposition. Répondez, par exemple : « Je suis désolée, ce soir je dois assumer mes responsabilités princières. En revanche, je suis disponible le week-end prochain, si la proposition tient toujours. » Il saura ainsi que vous partagez ses sentiments et que votre excuse n'est pas un prétexte.

Ça arrive à n'importe qui. Même à des stars de cinéma aussi fabuleuses que Nicole Kidman. Même à des princesses.

Voici comment je vous conseille de réagir en attendant que votre pauvre cœur brisé recolle ses morceaux.

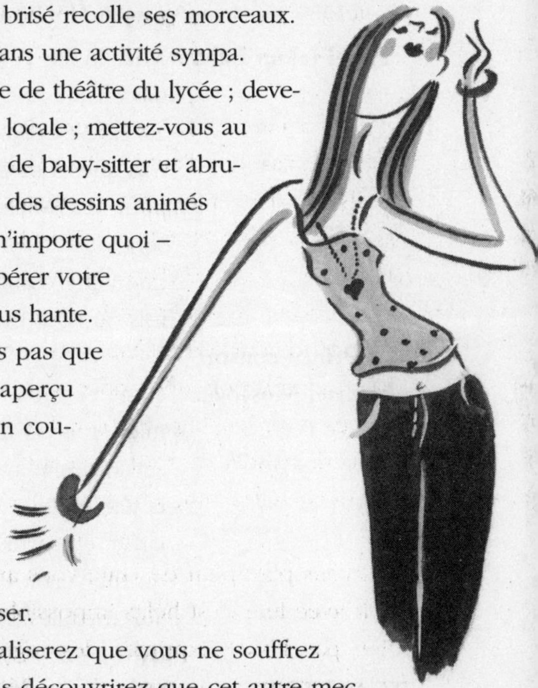

Jetez-vous à fond dans une activité sympa. Inscrivez-vous au groupe de théâtre du lycée ; devenez bénévole à la S.P.A. locale ; mettez-vous au karaté ; dénichez un job de baby-sitter et abrutissez-vous en regardant des dessins animés avec les enfants. Faites n'importe quoi – N'IMPORTE QUOI – pour libérer votre esprit de ce type qui vous hante.

Je ne vous promets pas que ça suffira. Au moindre aperçu de sa silhouette dans un couloir – c'est inévitable – votre cœur sera poignardé au fer rouge. Pourtant, à la longue, la douleur va s'amenuiser.

Le jour où vous réaliserez que vous ne souffrez plus du tout, et où vous découvrirez que cet autre mec – le type qui vous a toujours plu mais qui semblait ignorer jusqu'à votre existence – vous aimait en secret depuis tout ce temps… Ce jour-là, vous tomberez dans les bras l'un de l'autre et vivrez heureux à jamais. Même si, par hasard, vous n'êtes pas princesse.

Interview exclusive du Prince consort Michael Moscovitz

Par Tina Hakim Baba

Tina Hakim Baba : Nous avons l'extrême privilège d'accueillir Michael Moscovitz, qui a accepté de répondre sans réserve à nos questions au sujet de son amour pour Mia. Michael, première question : serait-il exact d'affirmer
que votre cœur a swingué la première fois où vous avez vu Mia ?

Le Prince consort Michael Moscovitz : Hum, eh bien, techniquement, la première fois où mes yeux se sont posés sur Mia, elle avait six ans. Suspendue, la tête en bas, au grillage d'un poulailler, elle avait les lèvres bleues parce qu'elle venait de manger de la tarte aux myrtilles. Donc, hum, je me vois dans l'obligation de répondre « non ».

Tina H.B.B. : Bon, d'accord, alors quand vous êtes-vous rendu compte que votre vie sans Mia n'était qu'une page blanche, un livre sans mots, un tissu de mensonges ?

Michael M. : Dois-je vraiment répondre à cette question ?

Tina H.B.B. : Vous avez promis de vous livrer sans réserve.

Michael M. : Eh bien, alors, disons que c'est la première fois où je l'ai vue sur des roller-blades. Mia est nulle en roller. Elle ne cessait de tomber. Mais elle se relevait aussitôt comme si rien ne s'était passé. C'était trop mimi.

Tina H.B.B. : *Mimi* ?

Michael M. : Mimi, oui.

Tina H.B.B. : Poursuivons. Lorsque vous vous baladez dans la nature, est-ce que la brise qui agite les feuillages vous semble murmurer « Mia » ?

Michael M. : Pas vraiment.

Tina H.B.B. : Ah bon ??? D'accord ! Mais quand votre regard croise celui de Mia, sentez-vous des étincelles s'embraser en vous ?

Michael M. : Vous savez quoi ? Je dois m'en aller, vraiment. J'ai à faire. Un truc important.

Tina H.B.B. : Juste une autre question. Qu'est-ce qui vous attire le plus en Mia :
– ses yeux couleur de brume ?
– ses cheveux couleur fauve ?
– son sourire malicieux ?
– sa silhouette de sylphide ?

Michael M. : Hum, je dirais plutôt son sens de l'humour.

Tina H.B.B. : Cette réponse ne faisait pas partie du choix proposé.

Michael M. : Je sais. Mais c'est la vérité.

Tina H.B.B. : Je vois. Parfait. Est-ce que tous vos muscles hurlent de douleur quand vous êtes séparé de l'amour de votre vie ?

Michael M. : Je dois absolument partir.

Tina H.B.B. : D'accord, répondez juste à ceci. Votre relation avec Mia a eu pour conséquence :
– de faire de vous un être comblé ;
– de découvrir en vous un gouffre dont vous ne soupçonniez pas l'existence ;
– d'avoir les lèvres qui picotent au moindre regard ;
– de vous encourager à devenir meilleur, plus courageux, plus généreux, afin de la mériter ?

Michael M. : Hum… Oui ?

Tina H.B.B. : Ça a été un plaisir de vous interviewer, Michael. Vous êtes vraiment un type génial !

Conclusion :

Le mot de la f

par so

la P

n Altesse Royale
incesse Mia

Le mot de la fin
par Son Altesse Royale la Princesse Mia

J'espère que vous aurez trouvé ce guide utile. Comme vous le voyez, être une princesse implique bien davantage que de savoir porter une tiare ou s'épiler les sourcils.

En résumé :

Soyez sympa. Quelques exemples choisis au hasard : réconfortez tout de suite quelqu'un qui n'a pas le moral ; proposez une sortie au cinéma à la nouvelle élève que personne n'aime ; autorisez votre meilleure amie à porter votre tiare le jour où elle passe à la télé. Autant de bonnes actions qui caractérisent une attitude vraiment princière.

Sachez dire non merci. Avoir bon cœur ne signifie pas pour autant être une poire. Ne laissez pas les gens vous dicter votre conduite – sauf si c'est pour votre bien, genre vous appliquer en algèbre ou autre. Manifester de l'assurance, voilà qui est princier. Se laisser piétiner ne l'est pas.

Souriez. Une princesse montre toujours un visage avenant. Pas seulement parce qu'à tout moment un paparazzi peut jaillir des buissons pour vous mitrailler et que vous ne voulez pas faire la tête sur la photo. Mais pour le bon moral de votre royaume. Exemple : vous êtes trop grande, plate comme une planche, nulle en algèbre, etc. En outre, le garçon pour qui vous craquez ne répond pas aux lettres anonymes que vous glissez sans arrêt dans son casier. Ne montrez jamais en public combien vous en souffrez ! On ne vous demande pas de feindre. On vous demande juste de ne pas démoraliser vos sujets.

Soyez courtoise. Quand on perd, nous autres princesses, on le fait avec grâce en public. Ensuite, on file à la maison évacuer nos sentiments de haine et de jalousie en écrivant notre journal. Exemples : le garçon que vous aimez craque pour une fille qui sait cloner les drosophiles ; votre meilleure amie est invitée au Grand Bal de l'hiver et vous pas. Ils doivent ignorer que ça vous mine. Une princesse n'accepte la pitié de personne.

Enfin, le plus important :

Soyez vous-même. Une princesse suit son penchant naturel sans se laisser influencer par les diktats de la mode. Une fille aux cheveux verts avec un piercing au nombril est-elle digne d'être princesse ? Absolument, si elle a choisi cette couleur et ce piercing en toute liberté, pas parce que les autres filles le font.

Souvenez-vous que ce sont vos actes qui comptent. Pas le titre de vos parents, ni vos résultats à l'université, ni le choix de vos activités extrascolaires, ni même votre look – en dépit de ce que Grand-Mère, Sebastiano, Paolo et les autres prétendent.

Être princesse relève plus d'un état d'esprit que d'un mode de vie. Alors, puisque la planète ne compte pas assez de pays pour que chaque fille accède au pouvoir suprême, toutes peuvent se conduire de façon princière, même sans devenir princesses. (Croyez-moi, c'est mieux comme ça !)

Fin

À moins que ce soit
le commencement ?

Composition et mise en page MCP – 45774 Saran
Imprimé par CAYFOSA QUEBECOR à Barcelone (Espagne)
Dépôt éditeur n° 67406
32.10.1243.8./01 - ISBN : 2.01.321243.7
Loi n° 49-956 du 16 juillet 1949 sur les publications destinées à la jeunesse
Dépôt légal : mars 2006